Un'estate con Monika

(Un racconto breve in sette ante liberamente ispirato
alle immagini del film di Ingmar Ernst Bergman
Sommaren med Monika - Monica e il desiderio, 1952 -
preceduto da un saggio critico.)

DUE DEDICHE:

Ad Ingmar Ernst Bergman, il più grande[1];

Ad Harriet Andersson, una delle più grandi[2]
(… e una delle mie attrici preferite).

---

[1] Woody Allen definì Ingmar Ernst Bergman *The best director ever* e aggiunse la sua personale classifica dei registi mondiali: *A un certo livello c'è la generalità dei registi, che, anno dopo anno, forniscono, e bene, al pubblico, un solido prodotto d'intrattenimento. A un livello superiore ci sono artisti che fanno film che sono più profondi, più personali, più originali, più emozionanti. E, infine, sopra a tutti, c'è Ingmar Bergman, che, probabilmente, è il più grande artista del cinema, tutto sommato, dal momento dell'invenzione della macchina da presa.*

[2] *…Sicuramente uno degli elementi straordinari del film è Harriet Andersson. Sicuramente una delle più grandi attrici mai esistite.(...) … Se lei la vede in* Monica e il desiderio *e in* Sussurri e grida, *io credo che lei sia una delle più grandi attrici del mondo. (…) Una persona con una forza singolare ma vulnerabile. Con una vena di genialità nel suo talento.* (Olivier Assayas e Stig Bjorkman, *Conversazione con Ingmar Bergman*, Lindau, Torino, 1994).

UNA FRASE:

Ma voi vi renderete certamente conto che quando si è artisti, quando si creano film, è molto importante non essere logici. Bisogna essere incoerenti. Se si è logici, la bellezza sfugge, scompare dalle tue opere. Dal punto di vista delle emozioni bisogna essere illogici, è proibito non esserlo. Ma se si ha fiducia nelle proprie emozioni, allora si può essere del tutto incoerenti. Non fa nulla. Perché si ha il potere di cogliere le conseguenze delle emozioni che hai suscitato. Per sempre.

(Ingmar Bergman dal libro:
Conversazione con Ingmar Bergman,
di Olivier Assayas e Stig Bjorkman)

PRESENTAZIONE DELL'AUTORE

La scintillante idea primigenia di questo mio libro, *Un estate con Monika*[3], squarcia il buio profondo di una tarda notte insonne di un giorno qualsiasi della mia vita. Detto in tutta onestà, a quell'epoca non potevo ancora sapere se, una volta terminato, esso avrebbe contenuto un racconto o un saggio. O meglio, se dovesse - o potesse - essere considerato soltanto un racconto o soltanto un saggio. Nel senso che, a mio avviso e giudicato, ovviamente, *ex-post*, questo libro si potrebbe collocare, a buona ragione, esattamente a metà strada tra il racconto breve e il saggio critico monografico. Il che è esattamente il massimo risultato al quale avrei potuto aspirare; e che, mai, avrei potuto sperare di ottenere. Mi pare un fatto evidente e in nessun caso in discussione, che la prima parte, titolata *Il Saggio*, con i numerosi riferimenti al regista, a quel singolo film come alle altre sue opere, ad altri registi e critici e biografi del Maestro, unitamente a un centinaio di debite note che ho disseminato lungo il testo, possano finire per renderlo una sorta di breve saggio critico (sobrio, asciutto, assai essenziale, se non addirittura conciso), che occupa 1/3 del libro. Mentre la narrazione della storia d'amore tra i due giovani ribelli: Monika e Harry - sebbene arbitraria, lacunosa e per certi versi avventurosa, se non addirittura scombiccherata - vada considerata un racconto (anch'esso sobrio, asciutto, assai essenziale, se non addirittura conciso[4]) ed occupa, opportunamente, i restanti 2/3 del libro.

Comunque voi la pensiate in proposito, vi auguro buona lettura!

---

[3] L'autore ha voluto conservare il nome originale di Monika - con la *kappa* prevista dalla lingua svedese - come personale nostalgico omaggio a quel personaggio e al bel titolo originale del film.

[4] Mi piace pensare che lo stile del mio racconto, anche solo da lontano, possa ricordare, allo sparuto drappello dei miei lettori, quello di un'opera minore di George Battaille: *Mia madre*, dal cui stile nudo, spoglio, asciutto e rigoroso mi sono fatto, in qualche modo, influenzare, anche se solo limitatamente a questa particolare occasione.

4

Il racconto del non-detto e del non-dicibile come primato del vissuto.
La *Monika* di Ingmar Bergman e la *Monika* di Salvatore M. Ruggiero

Ci troviamo davanti ad una narrazione che concresce su altra narrazione.

Di là dal discorso generale di Bergman, Salvatore M. Ruggiero, suo noto e importante interprete, legge *Monica e il desiderio*, del 1952, in maniera profonda, radicale, ipotizzando e materializzando ciò che il film bergmaniano *non poteva* far vedere.

E, dopo sessant'anni dalla produzione del film, scrive *Un'estate con Monica*.

L'autore del racconto è coinvolto dal film, ma anche dalla narrazione del regista relativa alla protagonista, Harriet Andersson.

Bergman ha posto un punto fondamentale.

La *trasgressione*, non programmata, fu introdotta nel cinema - e non solo in quel film - da un gesto, non previsto, della protagonista:

Nel fracasso dello swing la cinepresa si volta verso Harriet. Lei sposta lo sguardo dal suo partner direttamente sull'obiettivo. Così veniva stabilito, all'improvviso e per la prima volta nella storia del cinema, un impudico contatto diretto con lo spettatore.[5]

---

[5] I. Bergman, *Immagini*, Garzanti, Milano 1992, p. 258.

Da notare che il regista non parla d'impudico contatto col pubblico in genere, ma con lo spettatore, con il singolo spettatore.

Ruggiero parte da questo e *sta al gioco* dell'immaginazione.

Va oltre il film e fa un racconto che esplicita il suo immaginario, sollecitato dal non *detto* e dal non *espresso* dalla sceneggiatura e dalle immagini del film.

Joedi Puigdomènech, in un testo spagnolo, allarga tematicamente la lettura del film e scrive che l'abbandono di Monica sta a significare il rifiuto dell'etica.

Monica, giovane dalla sensualità/sessualità esuberanti, abbandona suo figlio e Harry, suo compagno, perché si rende conto che dovrebbe fare il passo decisivo e vivere in quello che Kierkegaard aveva definito *stadio etico*.

Lei rifiuta quel passo: è completamente estraneo al suo sentire.

Dovrà affrontarlo, invece, preso dalla disperazione per l'abbandono della donna, il suo compagno, con il bambino nato dall'amore dei due, ma che era solamente fisico in Monica.

Egli deve vincere la propria angoscia, accettando una norma di condotta regolare[6].

Quella di Ruggiero è una versione di oggi della storia antica della donna seduttrice e peccatrice, libera, che non può accettare legami morali perché vuole vivere solo il proprio piacere fisico, anche a costo di fare la prostituta.

La seduzione è stato un tema spesso affrontato dai filosofi in maniera approfondita e sistematica.

---

[6] J. Puigdomènech, *Ingmar Bergman. El ultimo existencialista*, Edicjones JC, Madrid 2004, p. 115.

Se gli scritti di Kierkegaard sono stati quelli che nell'Ottocento hanno puntualizzato il problema da un'angolazione molto specifica, nel Novecento i testi sono stati numerosi.

De la séduction di Jean Baudrillard, per esempio, è stato uno scritto che ha prospettato un quadro aggiornato e innovativo[7].

A questo punto del nostro discorso entra il binomio sessualità-sensualità. Rispetto alla sessualità, intesa come *natura*, la sensualità è cultura e ne è l'elaborazione, la distanza creata dalle singole culture antropologiche.

In ogni cultura essa assume lessici e nomenclature diversi. Per Kierkegaard, mentre la sessualità è fatto organico e di per sé non è buona né cattiva, la sensualità, come principio a sé, è introdotta dal peccato e, quindi, dalla nozione di possibilità, di libertà, come spazio che l'uomo deve riempire tra sé e la scelta, tra sé e la comunicazione. L'eros diviene, così, il chiasma indefinibile tra sessualità e sensualità, cioè tra organico e inorganico, tra natura e cultura, tra immediatezza e mediazione. È la figura del Don Giovanni. Passando a un'ipotesi d'icona femminile della seduzione e dell'eros, vicina alla Monica di Bergman e di Ruggiero, potremmo parlare di Carmen, già definita nel libretto dell'opera di Bizet *bohémienne* o ricordare la *Bohème* di Puccini.

Non va sottovalutato che un'icona del femminile seduttivo sia stata rappresentata anche dal *bovarysmo*

---

[7] Cfr. *De la séduction*, Galilée, Paris 1979; trad. it. *Della seduzione*, a c. di P. Lalli, Cappelli, Bologna 1980. Noi citeremo dall'edizione italiana. Di questi temi ho trattato nel mio *La lanterna di Diogene e la lampada di Aladino. Filosofie film narrazioni*, nel cap. *Don Giovanni: l'eros e la seduzione. Tra filosofia e arti*, Mimesis, Milano-Udine 2010, pp. 13-25.

presente nel romanzo di Flaubert (1856), autore che affermava: *Madame Bovary c'est moi.*

Bovary è seduttrice di uomini, come Don Giovanni di donne.

Ma la differenza è che Bovary è sempre infelice, triste, non a caso muore suicida, cosa che Don Giovanni non avrebbe mai fatto, ma morì per punizione *etica* sprofondando nelle fiamme.

Non così la solare Monica del racconto qui presentato. Nel romanzo, continua a vivere ad amare, a godere.

Tornando alle figure femminili, Carmen, la sigaraia di Siviglia, potremmo dire che beveva la vita e, come Don Giovanni, non aveva problemi morali.

Ma il film, come dice Curi, è diverso dalla musica:

Seduzione e femminilità sono ineluttabili come il rovescio stesso del sesso, del senso, del potere. Oggi l'esorcismo si fa più violento, più sistematico. Entriamo nell'era delle soluzioni finali [...]; micro processione del desiderio, di cui la donna, produttrice di se stessa come donna e come sesso, è l'ultima incarnazione. Fine della seduzione. Oppure, trionfo della seduzione molle, femminilizzazione erotizzazione bianca e diffusa di tutti i rapporti, in un universo sociale ormai esaurito. Oppure, ancora, niente di tutto questo. Nessuna cosa, infatti, potrebbe essere più grande della seduzione stessa, neanche l'ordine che la distrugge.[8]

Il racconto *Un'estate con Monika*, riferendosi al nondetto da Bergman, radicalizza, manifesta, descrive, senza falsi pudori, la bulimia sessuale della giovane e bella donna e ci offre una lettura realistica, non datata,

---

[8] U. Curi, *L'immagine-pensiero. Tra Fellini, Wilder e Wenders: un viaggio filosofico*, Mimesis, Milano 2009, pp. 8-9.

coinvolgente, di ciò che il regista svedese sessant'anni fa non poteva esplicitare, ma solo lasciar intuire.

Salvatore M. Ruggiero ci aiuta a vedere anche dietro le tende del teatro.

IL FILM: SINOSSI

Monika e Harry Lund, due giovani in cerca di vita e d'amore, si conoscono in uno squallido bar.

Insoddisfatti dell'umile lavoro, della paga modesta, della vita grama e del ruolo irrilevante che occupano nella società, decidono di fuggire insieme e di girare il mondo vivendo alla giornata.

Raggiunta in motoscafo Orno, un'isola deserta nell'arcipelago di fronte a Stoccolma, vi si installano vivendo quasi allo stato brado. Si sostengono mangiando funghi spontanei raccolti nel bosco, frutti selvatici, frutta rubata dai frutteti vicini e, perfino, un trancio d'arrosto sottratto (da Monica) al buffet di una villa sull'isola vicina.

Trascorrono le lunghe giornate estive scherzando e facendo l'amore, oziando, parlando, osservando il tramonto e bagnandosi in mare.

Monika, che ha tanta voglia di vivere e di divertirsi, lascia a briglie sciolte la sua bellezza e la sua femminilità, con prorompente fisicità.

Almeno fino a quando non si accorge di essere in cinta e si vede costretta a confessarlo a Harry.

Alla fine dell'estate decidono d'interrompere la fuga e di tornare in città con l'intento di regolare il loro rapporto, aiutati dalla vecchia zia di Harry.

Cosa che puntualmente avviene.

Ma, dopo un litigio violento, nel quale Harry accusa Monika d'adulterio - che lei nega, confessando tuttavia d'amare ancora la sua vecchia fiamma Lelle - si lasciano.

Il film finisce con un *flash-back* nel quale Harry rivede in uno specchio i felici momenti estivi passati insieme a Monika.

...E un motoscafo si allontana sull'acqua.

IL FILM: SAGGIO

Da quando mi sono imbattuto nel grande cinema di Ingmar Ernst Bergman - e, di conseguenza, avendolo ritenuto in pratica inevitabile, ho iniziato a interessarmene, a visitarlo spesso, quindi ad amarlo, infine, inusitatamente, addirittura a scriverne.[9] - circostanza che, ovviamente, considero molto fausta e che, pressappoco, coincide con la scoperta del cinema in generale - che ho iniziato a frequentare e ad amare, ma di cui, per fortuna del mio lettore, non ho iniziato a scrivere - mi sono proposto di vedere e rivedere regolarmente quanti più film fosse possibile e, tra di essi, ovviamente, l'intera produzione del *Genio di Uppsala*[10].

Devo qui ammettere, dovendo sforzarmi di trattenere a stento una buona dose di intimo disappunto, che il secondo dei due obiettivi - quello prevedibilmente meno facile - è stato, nei fatti raggiunto, anche se solo parzialmente.

Per motivi oggettivi e soggettivi, alcuni dei film di Ingmar Bergman - per fortuna sono una minoranza - specie quelli appartenenti di buon diritto al novero degli introvabili o dei difficilmente reperibili - ancora mancano, infatti e purtroppo, alla mia collezione.

Testardamente, non dispero di poterne, alla fine, venire in possesso, per vederli e rivederli per il mio esclusivo piacere.

---

[9] Dello stesso autore sono stati pubblicati, per i tipi di Lulu.com, altri due libri su Ingmar Bergman: *Il genio di Uppsala. Il grande cinema di Ingmar Ernst Bergman spiegato a chi lo ignora* e *Parla con Bergman, 116 aforismi del Maestro.*

[10] *Quando si tratta di film, voglio essere me stesso... penetrare nei segreti che si trovano dietro le pareti della realtà.* (Ingmar Bergman, *Immagini*, Milano, Garzanti 1992)

Il primo dei due obiettivi - oggettivamente, il più facile da perseguire e da conseguire - dipendeva solo da me e dalla facoltà con la quale dispongo del mio tempo libero.

E di tempo - grazie a Dio - ai miei impegni lavorativi e alla mia famiglia, non senza un pizzico di rincrescimento, riesco a rubarne abbastanza per coltivare le mie passioni: la lettura, la scrittura, il cinema.

Ma mi accorgo ora di avere una pericolosa tendenza a divagare. Chiedo venia al mio lettore e riprendo subito il filo del discorso.

Quel giorno fatidico - dicevo - avevo da poco terminato la mia ennesima, solitaria visione privata dedicata proprio al film in oggetto: *Sommaren med Monika*.[11] (*Monica e il desiderio* - 1952). Per i pochi che non lo sapessero, è uno dei film più conosciuti, fra i tanti - tutti molto conosciuti, peraltro - diretti da Ingmar Bergman[12]. Ed è anche uno dei miei film preferiti del mio regista preferito in assoluto (questo s'era già capito da un pezzo).

Sempre a beneficio della sparuta minoranza che ancora non lo sapesse, è stato anche uno dei film preferiti, di uno dei registi

---

[11] *I distributori italiani hanno tradotto improvvidamente il sincero* Sommaren med Monika (Letteralmente: Un'estate con Monica, N.d.A.) *con un più pruriginoso* Monica e il desiderio, *che fu proiettato nei nostri cinema solo nel 1961, sull'onda del successo internazionale di Bergman,* (arrivato con Det sjunde inseglet, Il settimo sigillo, 1957; Smulltronstallet, Il posto delle fragole, 1958; Jungfrukallan, La fontana della vergine, 1959; N.d.A.). *Quel titolo bizzarro è così rimasto appiccicato ad un film che racconta la storia di un amore giovanile, quasi fosse una parabola evangelica, fatto d'illusione, gioia e poi amarezza e abbandono.* (Aldo Garzia, *Bergman The Genius*, Editori Riuniti, 2010). Niente di meglio, del resto, accadde negli Stati Uniti dove il titolo del film fu tradotto con un molto banale e fuorviante: *The story of a bad girl,* Sic! (N.d.A.).

[12] Per la filmografia completa di Ingmar Ernst Bergman si rimanda alla pag. 85 del Saggio dello stesso autore: *Il genio di Uppsala. Il grande cinema di Ingmar Ernst Bergman spiegato a chi lo ignora.*

preferiti, di Jean-Luc Godard, apprezzato critico cinematografico francese e buon direttore anche lui. Come vedremo in seguito egli vergò, in favore del cinema di Ingmar Bergman, giudizi entusiastici e concetti significativi, oltre che in alcuni suoi libri, anche per la mitica rivista di cinema francese: *Cahiers du Cinema*[13]. Sfortunatamente, o fortunatamente, la filmografia di Ingmar Bergman non consente una classificazione in periodi. Data la sua complessità e l'estrema originalità delle creazioni solo per alcuni film è possibile una divisione in gruppi, peraltro assai grossolana e, a mio avviso, non corretta. Purtuttavia si potrebbe, a buona ragione, affermare che storicamente il film di cui trattiamo qui appartiene al cd. *periodo romantico*[14], dedicato dal regista in larga parte alle donne, perché proprio in esso *per primo, Bergman aveva cominciato a fare il punto e per esteso sulla condizione femminile, sul ruolo della donna nella società moderna e a preconizzare certe sue importanti conquiste sessuali*[15]. Ed è uno dei primi dopo il cd. *periodo neorealista*[16]. Il film di Ingmar Bergman - molto apprezzato anche da numerosi altri autorevoli esponenti della *Nouvelle*

---

[13] La più importante ed autorevole rivista di critica cinematografica del mondo.

[14] Ne fanno parte i film: *Sommarlek* (*Un'estate d'amore*, 1951); *Kvinnors vantan*, (*Donne in attesa*, 1952); *Sommaren med Monika* (*Monica e il desiderio*, 1952); *Gyklarnas afton* (*Una vampata d'amore*, 1953); *En lektion i karlek* (*Lezione d'amore*, 1954); *Kvinnodrom* (*Sogni di donna*, 1955); *Sommarnattens leende (Sorrisi di una notte d'estate*, 1955).

[15] Salvatore M.Ruggiero, *Il genio di Uppsala. Il grande cinema di Ingmar Ernst Bergman spiegato a chi lo ignora*, Lulu.com Edizioni, 2012, pag.9.

[16] O *dell'epoca del disagio socio-economico svedese*: *Kris* (*Crisi*, 1946); *Det regnar pa var karlek* (*Piove sul nostro amore*, 1946); *Skepp till India land* (*La terra del desiderio*, 1947); *Musik i morker* (*Musica nel buio*, 1948); *Hamnstad* (*Città portuale*, 1948); *Fangelse* (*Prigione*, 1949); *Torst* (*Sete*, 1949); *Till gladje* (*Verso la gioia*, 1950); *Sant hander inte har* (*Questo non accadrebbe qui*, 1950).

Vague francese[17] - fu girato nel 1952; uscì nelle sale svedesi nel 1953; approdò in Francia già nel 1954. Mentre in Italia sarà distribuito solo nel 1961, sulla scorta dei grandi capolavori bergmaniani della seconda metà degli anni '50.[18]. Il primo degli *jeunes turcs*[19] ad attirare l'attenzione della critica francese sul cinema di Ingmar Bergman, fu Eric Rohmer, nel 1956.

Avvenne per l'occasione di una retrospettiva dedicata al cinema scandinavo nel suo complesso, organizzata, a Parigi, dalla *Cinematheque Francaise*.

Nel 1958 un'altra retrospettiva fu organizzata sempre a Parigi. Ma dedicata stavolta, dalla *Cinémathèque Francaise*, al cinema di Ingmar Bergman, celebrato come cineasta dell'anno e riconosciuto definitivamente come Maestro del cinema mondiale.[20]

In quell'occasione Jean-Luc Godard magnificò l'opera di Ingmar Bergman in un suo splendido analitico articolo dedicato al film *Sommaren med Monika* (*Monica e il desiderio* - 1952) apparso sulla rubrica *Arts*.

E passò ancora più analiticamente in rassegna l'intera opera del regista svedese in un altro studio pubblicato nel numero 85 dei *Cahiers du Cinema*, intitolato appunto: *Bergmanorama*[21].

---

[17] *Il film non fu accolto dalla critica in modo favorevole. I temi della sceneggiatura, la tecnica sperimentale delle riprese, le caratteristiche del personaggio di Monica erano un pugno nello stomaco della Svezia degli anni 50.* (Aldo Garzia, *Bergman The Genius*, Ed.Riuniti, 2010*)*

[18] I film successivi al cd. *"periodo romantico"*, i grandi capolavori dell'arte cinematografica, dell'arte alta come così alta non era mai stata: *Kvinnodrom (Sogni di donna*, 1955); *Sommarnattens leende* (*Sorrisi di una notte d'estate*, 1955); *Dat sjunde inseglet* (*Il settimo sigillo*, 1956); *Smullstronstallet* (*Il posto delle fragole*, 1957); *Nara livet* (*Alle soglie della vita*, 1958); *Ansiktet* (*Il volto*, 1958); *Jungfrukullan* (*La fontana della vergine*, 1960)

[19] I giovani critici cinematografici francesi radicali di sinistra dei *Cahiers du Cinema*.

[20] J.L.Godard, *Bergmanorama*, in *Cahiers du cinema*, n. 85, 7/1958.

Esistono film di cui non si può dire niente, se non affermarne la bellezza. Un'estate d'amore[22] è come un bicchiere d'acqua, c'è una tale purezza! (...) Il cinema non è un mestiere. E' un'arte. Non significa lavoro di gruppo. Si è sempre soli; sul set come davanti alla pagina bianca. E per Bergman essere solo significa porsi delle domande. E fare film significa rispondere ad esse.[23] Niente potrebbe essere più classicamente romantico.

Con questi suoi lavori Jean-Luc Godard ebbe il merito di suscitare la curiosità generale, e il proliferare di altre importanti, autorevoli recensioni, firmate, tra gli altri, dai suoi colleghi critici-registi: Andrè Bazin, Andrè S.Labarth e Jacques Rivette. Pare pleonastico ricordare qui come quel massiccio interessamento dei francesi al film e al cinema di Ingmar Bergman abbia contribuito non poco alla nascita, alla diffusione e alla continuità del mito cinematografico che, fino ad oggi, ha accompagnato incessantemente - e per i prossimi decenni accompagnerà ancora - il film, l'attrice, il regista.

... La ripresa di Monica *e il desiderio nel circuito commerciale è l'evento cinematografico dell'anno. ...Snobbato quando uscì sui boulevards* Monica *è il film più originale del più originale dei cineasti. Sta al cinema di oggi come* Nascita di una nazione[24] *sta al cinema classico. Così*

---

[21] *Bergmanorama* è anche il nome di uno dei siti più curati ed importanti tra tutti quelli dedicati nel Web ad Ingmar Bergman.
[22] Altro famosissimo film di Ingmar Bergman, *Sommarlek* - 1951.
[23] Senza avere l'ardire di contraddire un mostro sacro del cinema e della critica cinematografica, mi sia però concesso di dissentire da questa personale opinione di J.L.Godard: Ingmar Bergman non ha mai sostenuto di avere le risposte ai numerosi e ponderosi quesiti che pone nei suoi film ... *"Ha usato il suo cinema per porsi una notevole quantità di domande, e per cercare al contempo delle risposte plausibili...Alcune sono venute, altre sono mancate..."* (Il Genio di Uppsala, Salvatore M.Ruggiero, Lulu.com Ed., 2012)

*come Griffith influenzò Ejzenstejn, Gance, Lang, così Monica,
con cinque anni d'anticipo, portava al suo apogeo quella
rinascita del giovane cinema moderno di cui erano i sacerdoti
Fellini in Italia, Aldrich a Hollywood, (e forse sbagliammo a
crederlo) Vadim in Francia. (...)
Bergman è il cineasta dell'istante.* La sua cinepresa cerca una
cosa sola: riuscire a cogliere il secondo presente in quello che
ha di più sfuggevole e approfondirlo per dargli valore eterno.
(...) Come moderni Robinson Crusoe, Monica e il suo ragazzo,
armati solamente di un sacco a pelo per riparare il loro
amore, volteranno presto le spalle alla gioia per sprofondare
nella nausea.*

*Il regista francese fu affascinato dalla sequenza in cui Monica
(Harriet Andersson) fissa ostinatamente la macchina da presa.
Lo fece ben cinque anni prima di Gelsomina (Giulietta
Masina), nel personaggio felliniano del film La strada.*[25]
Bisogna aver visto Monica - disse - *non fosse che per quegli
straordinari minuti durante i quali Harriet Andersson, prima
di tornare nuovamente a letto con il tipo che aveva lasciato*
(Lelle, N.d.A.) *guarda fisso la cinepresa, i suoi occhi ridenti
velati di sgomento, prendendo lo spettatore a testimone del
disprezzo che ha di se stessa per aver scelto involontariamente
l'inferno invece del cielo*[26]. *(...) E' il primo piano più triste
della storia del cinema.*[27] *(...)* Monica *è il primo film
baudelairiano. Solo Bergman è capace di filmare gli uomini*

---

[24] *"The Birth of a Nation"* (1915) di David W.Griffith.
[25] Sergio Trasatti, *Ingmar Bergman*, Ed. Il Castoro, Milano, 1995.
Quasi sicuramente il critico confonde il film di Fellini: non si tratta,
infatti, de *La strada* ma di *Giulietta degli spiriti*.
[26] *"Per la donna esisteva la possibilità di fare la vita in modo libero
e artigianale, collocandosi in una dimensione ambigua e non priva
di pericoli."* (Claudio Papini, *Ben ritrovato Ernst Bergman*, De
Ferrari Ed., Genova 2011)
[27] *"Che cosa sognavamo quando Monika uscì sugli schermi
parigini?"* Si chiede entusiasta Jean-Luc Godard in: *Monika, Arts*,
n.680, 30 Luglio 1958.

come li amano ma li detestano le donne e le donne come le detestano ma le amano gli uomini.

Aggiungendo, alla fine della sua enfatica recensione:

... Ognuno dei suoi film nasce da una riflessione dei protagonisti sul presente, approfondisce tale riflessione attraverso una sorta di frantumazione della durata, un po' alla maniera di Proust, ma con maggiore forza, come se Proust fosse stato moltiplicato da Joyce e Rousseau insieme, e infine diventa una gigantesca e smisurata meditazione a partire da un'istantanea. Un film di Bergman è per così dire 1/24 di secondo che si trasforma, si dilata in un'ora e mezza. E' il mondo fra due battiti di palpebre, la tristezza fra due battiti di cuore, la gioia di vivere tra due battiti d'ali.[28]

In *Bergmanorama* Jean-Luc Godard distinse e contrappose due tipi di cinema: il cinema rigoroso e il cinema libero.
Tra gli esponenti del secondo tipo incluse, appunto, Ingmar Bergman.
I giovani critici radicali di sinistra francesi dei *Cahiers du Cinema* (Rohmer; Godard, Rivette, Chabrol, Truffaut) se ne ricorderanno al momento di passare alla regia e terranno bene a mente la fondamentale lezione bergmaniana.[29]

Quanto all'uso funzionale del paesaggio, Godard osserva che Bergman è l'unico cineasta moderno che non rifiuta i procedimenti cari agli avanguardisti degli anni trenta: sovrimpressioni alla Delluc; riflessi nell'acqua di Kirsanoff; controluce alla Epstein.[30]

---

[28] Jean-Luc Godard, *Monika*, Arts, n.680, 30 Luglio 1958.
[29] Jacques Mandelbaum, *Maestri del Cinema: Ingmar Bergman*, Cahiers du Cinema, Sarl, Parigi, 2007.
[30] Sergio Trasatti, *Ingmar Bergman*, Ed. Il Castoro, Milano, 1995.

Non sono giochi gratuiti della macchina da presa o prodezze dell'operatore. Bergman sa sempre integrarli alla psicologia dei personaggi nell'istante preciso in cui deve esprimere un sentimento preciso. [31]

Emblematica, da questo punto di vista, la carrellata del motoscafo che, all'inizio del film, abbandona Stoccolma ancora addormentata.
Altrettanto emblematica la carrellata del motoscafo che, alla fine del film, arriva in una Stoccolma che si va addormentando.

Indubbiamente un altro incontro, altrettanto fortuito e fortunato, ma ugualmente decisivo per la realizzazione del suo celeberrimo film, fu quello che Ingmar Bergman, alla ricerca della protagonista, ebbe con Harriet Andersson.
Attrice emergente, dal gradevolissimo aspetto personale, eccezionalmente fotogenica ed incredibilmente disinvolta.
Lei non solo si rivelò adattissima al ruolo ma si calò subito e perfettamente nella parte.

... Avevo appena scoperto Harriet.
(...)Lei aveva già recitato in qualche film, così ho chiesto a un regista che aveva lavorato con lei se pensava che avrei potuto assegnarle la parte. <Non credo - rispose - se lo fa, sarà a suo rischio e pericolo.>
(...) Per la parte di Monica fu scelta una giovane attrice che recitava in spettacoli di varietà allo Scala Teater, con calze a rete ed eloquenti spacchi nel vestito. ...Aveva qualche esperienza cinematografica ed era fidanzata con un giovane attore. (...) Ero affascinato da quella ragazza. Lei lavorava in un music-hall con una compagnia incredibile: cantava, ballava, raccontava storielle sconce. [32]

---

[31] Jean-Luc Godard, *Il cinema è il cinema*, Garzanti, Milano 1981.
[32] Olivier Assayas e Stig Bjorkman, *Conversazione con Ingmar Bergman*, Lindau, Torino, 1994.

(...) A fine luglio ci portammo in una delle più remote isole dell'arcipelago per girare gli esterni. Monica e il desiderio era stato programmato come film a budget ridotto, con risorse limitate e un minimo di personale. Abitavamo al Klockargarden di Orno e ogni mattina coprivamo un percorso di alcune ore con le barche dei pescatori per arrivare a un pittoresco gruppo di isole nell'estremo arcipelago. Fui subito preso da un'euforica spensieratezza. I problemi professionali, economici e matrimoniali calarono dietro all'orizzonte. Conducevamo una vita protetta, all'aria aperta, lavoravamo di giorno, di sera, all'alba e con qualsiasi tempo. Le notti erano brevi, il sonno senza sogni.[33]

Harriet Andersson sembrava, anzi lo era, il perfetto *alter-ego* di Monica. Perciò, fu quasi inevitabile che diventasse subito la compiuta personificazione e la definitiva icasticizzazione della bella, giovane, ribelle e sfrontata Monica.
L'alchimia che si era creata fin da subito tra il regista e l'attrice protagonista (determinata, oltre che dalla stupefacente bellezza della giovane donna, anche dalla straordinaria naturalezza e disinvoltura con la quale l'attrice s'impossessò di quel ruolo - peraltro non facilissimo - e lo recitò, in qualche scena, anche completamente nuda) fu perfetta.

La giovanissima e quasi esordiente Harriet Andersson (all'epoca delle riprese aveva solo diciannove anni) divenne l'icona del film e, in seguito, una delle attrici feticcio del Maestro.
Non bastasse questo, negli anni immediatamente successivi, e anche dopo un trentennio, fu la protagonista in ben nove film di Ingmar Bergman.[34]

---

[33] Ingmar Bergman, *Lanterna magica*, Garzanti, Milano 1987.
[34] Harriet Andersson partecipò a nove film di Bergman, ponendosi al secondo posto nella classifica delle attrici bergmaniane, a pari merito con Liv Ullman e superata solo da Bibi Andersson con undici partecipazioni: *Sommaren med Monika (Monica e il desiderio,*

E fu in quegli anni e per un periodo, per la verità, non troppo lungo, anche la compagna di vita del regista.

Così lo stesso Ingmar Bergman racconta quanto accadde in quei giorni, nella sua autobiografia.[35]

... Quando tornammo dalla nostra avventura sull'arcipelago, raccontai a Gun (la moglie di Bergman, N.d.A.) *quel che era successo e le chiesi qualche mese di respiro, perché sia io che Harriet eravamo convinti che la nostra relazione non sarebbe durata a lungo. Gun andò su tutte le furie e mi mandò all'inferno. Io rimasi stupito dalla sua collera possente, mai prima osservata, e provai un gran sollievo. Misi in valigia alcune cose di mia proprietà e mi trasferii di nuovo nel monolocale.*

Ingmar Bergman racconta ancora di Harriet Andersson.

... Quando dovetti fare Monica e il desiderio, *presso la direzione della produzione l'incertezza era grande. Domandai a Gustaf Molander di Harriet. Lui mi guardò e, strizzando l'occhio, disse: <Se tu credi di poter ricavare qualcosa da lei è divertente.> Soltanto più tardi capii il sottinteso gentile e scabroso che si celava nella raccomandazione del regista più anziano. (...) Harriet era molto bella. Aveva diciannove anni. Abbiamo fatto il film. Quello è stato un periodo bellissimo. (...) La macchina da presa s'innamora di quella ragazza.[36] Anche perché la sua relazione con la macchina da presa è*

1953); *Gyklarnas afton* (*Una vampata d'amore*, 1953); *En lektion i karlek* (*Una lezione d'amore*, 1954); *Kvinnodrom* (*Sogni di donna*, 1955); *Sommarnattens leende* (*Sorrisi di una notte d'estate*, 1955); *Sasom i en spegel* (*Come in uno specchio*, 1961); *For atte inte tala om alla dessa kvinnor* (*A proposito di tutte queste signore*, 1964); *Viskningar och ropo* (*Sussurri e grida*, 1972); *Fanny och Alexander* (*Fanny e Alexander*, 1982).
[35] Ingmar Bergman, *Lanterna magica*, Garzanti, Milano 1987.
[36] Olivier Assayas e Stig Bjorkman, *Conversazione con Bergman*, Lindau, Torino 2007.

diretta e sensuale. Ha inoltre una tecnica superba e si muove velocissima tra la più intensa ispirazione e la sobria osservazione. Il suo umorismo è aspro, ma mai cinico. Una persona amabile e una delle mie più care amiche.[37]
(…) Lei ha una storia d'amore con la macchina da presa.[38]
(…) La macchina da presa la stimola e lei se ne sente estremamente stimolata. Una relazione molto strana...[39] *(…)*
Se lei la vede in Monica e il desiderio *e poi in* Sussurri e grida… *io credo che lei… insomma… che lei sia una delle più grandi attrici del mondo.*[40] *(…) Non so spiegarlo… Non so spiegarlo… Ma era meraviglioso lavorare con lei perché è una persona piena di vita. Tecnicamente perfetta...*[41]

Ingmar Ernst Bergman, che firmò la pellicola, nel suo libro-diario[42], così descrive la sua attrice impegnata nella stessa famosissima sequenza.

… Harriet Andersson è uno dei geni della cinematografia. Se ne incontrano soltanto alcuni esemplari durante il cammino tortuoso attraverso la giungla di questo mestiere. Ecco un esempio. L'estate è finita. Harry non è in casa, Monica esce con Lelle. Al caffè lui fa suonare il juke-box. Nel fracasso dello swing la cinepresa si volta verso Harriet. Lei sposta lo sguardo dal suo partner direttamente sull'obiettivo. Così veniva stabilito, all'improvviso e per la prima volta nella storia del cinema, un impudico contatto diretto con lo spettatore.

---

[37]Ingmar Ernst Bergman, *Lanterna magica*, Garzanti, Milano 1987.
[38] Olivier Assayas e Stig Bjorkman, *Conversazione con Bergman*, Lindau, Torino 2007.
[39] Ibidem.
[40] Ibidem.
[41] Ibidem.
[42] Ingmar Bergman, *Immagini,* Milano, Garzanti 1992.

Sempre Ingmar Bergman, parla ancora del suo film, ricordando i bei momenti in cui girava sull'isola di Orno.

... Devo dire che Monica e il desiderio è un film fatto per gioco. Fui subito preso da un'euforica spensieratezza.
I problemi professionali, economici e matrimoniali calarono dietro all'orizzonte. Conducevamo una vita piuttosto protetta, all'aria aperta, lavoravamo di giorno, di sera, all'alba e con qualsiasi tempo. Le notti erano brevi, il sonno senza sogni. (...) La mia idea era di fare un film a basso costo, in condizioni improntate a una rigorosa semplicità, lontano dagli studi e riducendo al massimo il personale. Non ho mai fatto un film meno complicato di Monica. Tiravamo semplicemente avanti e si girava. Ci rallegravamo della nostra libertà. Il successo di pubblico fu considerevole.

Né bastò a cambiare quello stato d'animo di sublime esaltazione descritto così enfaticamente dal regista un infausto incidente. L'inusitato quanto disgraziato errore, nello sviluppo della pellicola già girata, che costrinse la troupe a rifare tutto il lavoro di ripresa dall'inizio.

... Dopo tre settimane di fatiche mandammo a sviluppare i nostri risultati. A causa di una macchina difettosa, il laboratorio fece un graffio di migliaia di metri sulla pellicola e bisognò rifare quasi tutto. Per salvare le apparenze piangemmo qualche lacrima ipocrita, ma eravamo segretamente felici per la nostra prolungata libertà. Girare un film è un'operazione intensamente erotica.[43] *La vicinanza con gli attori non conosce riserve, ognuno si affida totalmente all'altro. L'intimità, l'affetto, la dipendenza, la tenerezza, la fiducia, la disinvoltura davanti al magico occhio della macchina da presa danno un caldo e forse illusorio senso di*

---

[43] A questo punto un autore più impertinente si chiederebbe se Bergman riferisse l'affermazione a tutti i suoi film o ne limitasse l'ambito solo a questo film e a quell'attrice.

sicurezza. Tensione, distensione, lo stesso ritmo di respirazione, momenti di trionfo, momenti di depressione. L'atmosfera è irresistibilmente carica di sessualità. Ci vollero molti anni perché imparassi finalmente a fermare la macchina da presa, a spegnere i riflettori per un giorno.[44]

Tuttavia il bello e originale film di Ingmar Bergman fu inspiegabilmente ed erroneamente sottovalutato e, altrettanto frettolosamente, classificato fra quelli minori del grande regista svedese. Molte recensioni furono addirittura affidate e firmate dai vice. Numerosi critici italiani espressero pareri negativi[45]. Colpì, invece, molto positivamente, tra gli altri, anche Francois Truffaut, il regista francese più in voga del momento.[46] Egli non solo ne parlò, ma ne scrisse, anche lui in termini entusiastici, almeno pari a quelli del collega precorritore Jean-Luc Godard. E citò apertamente sia il film che la Andersson in una celeberrima scena della sua opera più considerata. E' rimasta famosa, infatti, la scena de *I quattrocento colpi*[47] nella quale il ragazzino Antoine Doinel - chiaramente *alter-ego* del regista - stacca dalla bacheca di un cinema la celebre foto, tratta dai fotogrammi del film.
In essa era raffigurata, appunto, Monica con gli occhi chiusi, il viso che sfida il sole e la scollatura del golfino abbassata a lasciarle completamente nude le spalle, parzialmente scoperti i seni e nascosti, a mala pena, gli intuibilissimi capezzoli. Immagine molto bella e - cosa che non guasta mai - grondante

---

[44] Ingmar Bergman, *Lanterna magica*, Garzanti, Milano, 1990.
[45] Giacinto Ciaccio liquidò il film scrivendo: *Un dramma insieme bislacco, discutibile e commovente*. Mario Verdone definì il film: *Un film minore... un solo, efficace, studio di donna.* Alfonso Moscato, ritenne eccessivo, nel film: *... il parallelismo tra la natura e l'animo della ragazza.* (Dal libro: *Ingmar Bergman*, S.Trasatti, Ed.Il Castoro, Milano, 1995).
[46] Introdotto al cinema, prima come critico poi come documentarista, dall'amico regista e critico più anziano Andrè Bazin.
[47] Titolo originale: *Le quatre-cent coups* (1959).

sensualità pura. Divenuta - anche, ma non solo per questo semplice motivo - icona del cinema bergmaniano e mondiale.

Il film, ad alto contenuto erotico, creò non pochi problemi a Ingmar Bergman, non solo negli altri paesi, ma addirittura per la sua distribuzione nelle sale cinematografiche della pur avanzata e disinibita Svezia. Anche nella versione originale svedese, infatti, fu tagliata l'inquadratura di Monica che si accarezza il seno voluttuosamente.

Ma tutto il film fu censurato pesantemente. In particolare la forbice della censura colpì:

1)   la scena in cui Monica fugge completamente nuda verso il mare, sotto gli occhi di Harry;
2)   l'inquadratura di Monica stesa a seno nudo sul motoscafo;
3)   la scena nella quale Harry prende Monica quasi con la forza strappandole i vestiti di dosso.

Devo poi aggiungere, non senza una buona dose di orgogliosa prosopopea, che mi era parsa fin da subito un'idea originale, oltre che geniale, trasformare le immagini di un film in racconto da trasferire sulle pagine scritte.

Anche se, come avevo anticipato nella mia breve presentazione, non sapevo ancora se ne avrei potuto - *ergo*: saputo - ricavarne un romanzo breve o un racconto lungo.

In ogni caso un film, non da vedere, quindi, ma da …leggere. Prova difficile ma certo anche affascinante! E avvincente. Giacché, di solito, avviene l'esatto contrario.

Ho iniziato, dunque da subito, a cercare, a raccogliere e visionare materiale per la mia documentazione, attingendo a piene mani dalla ricchissima bibliografia riguardante il film, la sua preparazione, la lavorazione e, ovviamente, il regista; a cercare, a raccogliere, a visionare materiale prezioso e indispensabile per l'organizzazione della trama, della struttura e della stesura del mio libro. E così sono anche venuto a conoscenza della sconfinata bibliografia che correda il film: frutto dello studio di numerosi, autorevolissimi critici cinematografici[48]. E anche del curioso, gustosissimo aneddoto dal quale scaturì l'idea primigenia per la realizzazione dello storico, celeberrimo film.

Lo stesso Ingmar Bergman così lo racconta nel suo libro-diario *Immagini*.

... Mentre preparavo Donne in attesa[49]*, io e Per Anders Fogelstrom ci incontravamo regolarmente. Lui mi disse che era alle prese con la storia di una ragazza e di un ragazzo che scappano insieme e vivono in modo primitivo nell'arcipelago, prima di far ritorno nella società.*[50]

(...) Ma è un film! [51] (Esclamò Ingmar Bergman, stupefatto. - N.d.A.) *...Scrivemmo insieme la sceneggiatura, che fu consegnata alla Svensk-Filmindustri corredata da precise istruzioni per l'uso. La mia idea era di fare un film a basso costo, in condizioni improntate a una rigorosa semplicità, lontano dagli studi e riducendo al massimo il personale.* Monica e il desiderio *ebbe il segnale di via libera come mio secondo film ai tempi del mio contratto da schiavo. Il provino con Harriet Andersson e Lars Ekborg fu realizzato in uno degli ambienti preparati per* Donne in attesa.*(...) Di nuovo passavo da un film all'altro.*[52]

Nel frattempo lo scrittore Per Anders Fogelstrom, su un binario parallelo, ma distinto dal film, avrebbe continuato a lavorare alla stesura del suo romanzo[53].

Una sceneggiatura del film con lo stesso soggetto del romanzo, quindi, ma diversa dal romanzo stesso.

---

[48] Oltre a tutti gli altri citati il primo libro tra quelli non consultati, perché mai tradotto in italiano, è: *Monika de Ingmar Bergman* di Alain Bergala.

[49] Altro notissimo film di Ingmar Bergman (Titolo originale: *Kvinnors vantan*, 1951).

[50] Ingmar Bergman, *Immagini*, Garzanti, Milano, 1992.

[51] Olivier Assayas e Stig Bjorkman, *Conversazione con Ingmar Bergman,* Lindau, Torino 2007.

[52] Ingmar Bergman, *Immagini*, Garzanti Milano 1992.

[53] Uscito nelle librerie nel 1953, quasi contemporaneamente al film nelle sale.

Mi pare appena il caso di ricordare qui, che nella scrittura originaria di Per Anders Fogelstrom il vero protagonista del romanzo è Harry Lund, un giovane in eterno conflitto generazionale con il padre, in uno scontro aperto e quotidiano con i suoi datori di lavoro e con la società.

E che, solo nell'adattamento di Bergman per il cinema la protagonista diventa Monica.

Mentre Harry retrocede al ruolo di co-protagonista.[54]

Per la gioia di quanti hanno sempre accusato Ingmar Bergman di rivolgere una notevole quantità della sua misantropia contro buona parte dei personaggi maschili dei suoi film.

Accompagnata, se vogliamo, a una congrua quantità d'indulgenza, se non di cedevolezza, nei confronti di tutti i suoi personaggi femminili.[55]

E' noto come Ingmar Bergman riservasse, spesso nei suoi film, il compito di tollerare assai poco le donne[56] ad alcuni dei suoi personaggi maschili, anche tra i maggiori.[57]

Sebbene, mi pare molto opportuno aggiungere qui, che, nel caso specifico, prima della fine del film, Monica esce di scena e Ingmar Bergman si disinteressa di far sapere allo spettatore quale sarà il destino che l'aspetta.

Mentre, nel frattempo, Harry Lund s'innalza al ruolo di protagonista assoluto; quello originariamente previsto per lui da Per Anders Fogelstrom nel suo romanzo.

Nonostante i miei sforzi immani non sono riuscito a trovare una copia di quel libro.[58]

---

[54] *Ingmar Bergman*, a cura di Antonio Costa, Marsilio, Venezia 2009, pag. 141, nota n.25.

[55] G.Invitto: *Idee e schermi bianchi. Filosofia e cinema tra il mito e il falso*. Edizioni Mimesis - I Cabiri, Milano, 2007, pag. 119.

[56] Forse un retaggio subliminale della presunta misoginia di Kirkegaard?

[57] Un esempio su tutti in *Smulltronstallet* (*Il posto delle fragole*, 1957), dove Isak Borg nelle sequenze iniziali dice: *Mia moglie Karin morì molti anni fa. Il nostro matrimonio fu alquanto infelice. Ho la fortuna di avere una buona governante.*

[58] Mi permetterei sommessamente di consigliare a un intraprendente

25

Ergo, non avendolo letto, ne posso conoscere solo il soggetto; parzialmente il contenuto; niente affatto la cifra stilistica e lo stile letterario.

Posso solo sforzarmi d'immaginare l'uno e gli altri.

Ma, siccome è mio fermo convincimento che non tutti i mali vengano per nuocere, questa circostanza per certi versi infausta, mi favorisce, mettendomi - anche e fortunatamente - al riparo da un'eventuale accusa di plagio.

Al contempo, mi permette anche di rimanere aderente al racconto del film: cosa che volevo; e non del libro precursore: cosa che volevo evitare.

Non sono riuscito a procurarmi nemmeno una copia della sceneggiatura del film; in compenso l'ho visto e rivisto, e tanto mi è bastato per convincermi che quella storia, della quale mi sono perdutamente, anzi, *godardianamente* innamorato e alla quale mi sono ovviamente ispirato per iniziare a stendere il mio racconto breve, valga bene questo mio modesto tentativo.

Detto tutto questo - per onestà e per chiarezza - devo anche aggiungere un altro ultimissimo particolare. Un impulso, ulteriore, se non decisivo, a realizzare questo mio progetto, sufficientemente ambizioso, mi è derivato dalla scoperta della pubblicazione, avvenuta nel 2006, di un altro libro molto interessante. In questo caso si tratta, nei fatti, di un romanzo biografico - o di una biografia romanzata, se preferite.

Mi riferisco al libro *Il regista*, opera a firma di Alexander Andhoril.[59] Suggerito allo scrittore svedese - quindi conterraneo di Ingmar Bergman - dall'indubbia importanza storica e culturale del soggetto e dall'indubbio fascino che la sua personalità irradiava da vivo e ancora irradia pure da morto. Esso si riferisce, in particolare, all'intenso, prolifico ma

---

editore italiano, anche piccolo ma coraggioso, di riprendere la stampa del libro e la sua distribuzione nelle librerie italiane.

[59] Autore, con lo pseudonimo di Lars Kepler usato per scrivere a quattro mani insieme alla moglie Alexandra Coelho, de: *L'ipnotista* (2009) e *l'Esecutore* (2010), entrambi *best-sellers*.

anche travagliato periodo nella vita privata e nella carriera artistica di Ingmar Bergman collocato tra la fine degli anni '50 e l'inizio degli anni sessanta e coincidente con la fase più problematica e conflittuale dei rapporti del regista col padre.

E che ha coinciso anche con la laboriosa e altrettanto problematica preparazione e lavorazione di tre tra i suoi più importanti, apprezzati e ponderosi film: quelli raccolti nella celeberrima *Trilogia Religiosa*.[60]

Per essere estremamente precisi corrisponde storicamente al periodo di preparazione del secondo dei tre film che compongono quella *Trilogia*[61]: *Nattvardgasterna* (*Luci d'inverno* - 1963).

Il contenuto del libro dapprima sembrò essere stato accettato di buon grado da Ingmar Bergman, che concesse all'autore, addirittura compiaciuto, anche il suo personale *imprimatur* alla stampa.

Nel marzo del 2006, riferendosi al manoscritto e al suo autore Alexander Ahndoril, Ingmar Bergman dichiarò:

---

[60] *"Questi tre film si riferiscono a una regressione*. Come in uno specchio, *la certezza conquistata*. Luci d'inverno, *la certezza messa a nudo*. Il silenzio - *il silenzio di Dio, l'impronta negativa. Ecco perché costituiscono una Trilogia."* *(*Une trilogie de films, *Laffont, Parigi, 1964).*Salvo autosmentirsi qualche anno dopo: *"Scrissi queste cose nel maggio del '63. Oggi penso che l'idea della trilogia non abbia capo né coda. Era una* Schnaps-idee, *come dicono i bavaresi.* (Ingmar Bergman, *Immagini*, Garzanti, Milano, 1992) E anche: *"Quella della trilogia era un'invenzione per i media. Vi sto rivelando un segreto. Non l'ho mai detto a nessuno, ma è la verità."* (O.Assayas e S.Bjorkman, *Conversazione con Ingmar Bergman*, Lindau, Torino, 1990).

[61] Di volta in volta denominata: *Trilogia Religiosa*; *T. di Dio*; *T. del Silenzio di Dio*; *T. dell'Assenza di Dio*; *T. della Morte di Dio*, è composta, oltre che dal citato *Nattvardsgasterna* (*Luci d'inverno* - 1963), da *Sasom i en spegel* (*Come in uno specchio* - 1961); e da *Tystnaden* (*Il silenzio* - 1963).

Ne sono profondamente commosso e penso che tu sia uno scrittore eccezionale.

Successivamente, a seguito di un repentino, quanto apparentemente inspiegabile ripensamento, respinse il libro con tutto il suo contenuto, in modo assai sprezzante.
Dichiarando, senza mezzi termini:
Questo romanzo è un insulto!

Ne scaturì tra i due una violenta, quanto incresciosa, polemica.
Ma cos'era, effettivamente, successo?
Il Maestro aveva, probabilmente, proceduto a una più attenta lettura del libro di Alexander Andhoril.
E, probabilmente, dopo aver proceduto a una verosimile serie di consultazioni con i suoi famigliari più stretti e con gli amici più cari - che, com'è noto, andavano spesso a trovarlo e con i quali s'intratteneva sempre assai volentieri - aveva ritenuto di dover invertire la sua entusiatica rotta iniziale.
Pare si fosse convinto che, dagli sviluppi di quel testo, non si capisse se ci fosse; e qualora ci fosse stata, non si percepisse chiaramente dove fosse realmente tracciata, una linea di demarcazione abbastanza netta fra le ante riguardanti la vita reale e quelle concernenti, invece, la ricostruzione romanzata - quindi arbitraria ed, in qualche modo, forzata - dall'autore.
Questa, almeno, sembrò essere la sua giustificazione ufficiale.
E, comunque, è questa la spiegazione riportata, nelle cronache di quei giorni concitati, dai biografi del Maestro.
Per gettare luce su quanto fosse realmente accaduto, ma non avendo alcuna possibilità logistica di raggiungere direttamente l'autore, ho pensato di far ricorso ai *social network*.
E proprio grazie ad uno dei più frequentati tra di essi[62] sono riuscito a procurarmi un utile contatto con la moglie dello scrittore svedese. La signora Alexandra Coelho Ahndoril, scrittrice[63] anche lei.

---

[62] Facebook.
[63] La signora Alexandra Coelho Ahndoril, scrittrice, moglie

28

Così, a breve distanza di tempo l'una dall'altra, ho raccolto, personalmente e privatamente, due sue interessantissime dichiarazioni.

Questa la testuale risposta della scrittrice:

Ingmar Bergman fu molto soddisfatto quando lesse il manoscritto, prima che fosse stampato e, aggiunge pure: *amò realmente la novella quando la lesse.*

Ma, *sei mesi dopo, realizzando quanto esso fosse vicino alla realtà... cambiò totalmente idea,* prendendo così le distanze dallo scritto.

Non voleva sentirsi nudo al cospetto dei lettori e intendeva così *riprendersi il controllo della sua storia,* resa troppo apertamente manifesta dal racconto realistico, vero o verosimile, dell'autore.

La diatriba fra i due non fu mai sedata.

Fu interrotta, forzatamente, solo dalla morte dell'anziano regista, avvenuta il 30 luglio del 2007.

Ad appena un anno dalla pubblicazione del romanzo.

Pur avendo, opportunamente e preventivamente, procurato per la lettura una copia del libro, ho poi scelto, appositamente quanto accuratamente, di non leggerlo.

Non volevo correre il pur trascurabile rischio di restarne anche minimamente influenzato.

---

dell'autore del libro Alexander Ahndoril, da me intervistata sull'accaduto con una *mail* ha fornito una sua suggestiva quanto verosimile spiegazione della prima reazione, quindi del ripensamento del Maestro. Riporto qui integralmente la sua dichiarazione originale in lingua inglese: *Ingmar Bergman was very satisfied when read the manuscript before it went print, but half a year later, when the book was going to be published, be totally changed mind. We still don't know why he changed his mind."* E, sollecitata ancora da me, ha aggiunto: *"I think he really loved the novel when he read it, but then y think that he realized that it was too close to the truth - the way he readly was. And because of that, he decided to change his mind so he could take control over his own story again.*

29

Devo, infine, confessare che, se il Maestro fosse ancora in vita, anch'io avrei potuto, certamente, nutrire motivi assai seri per essere intimorito da una qualche circostanza, anche fortuita, che lo avesse portato a conoscenza del mio libro.

E, posso garantire che non sarebbe stato solo il normale effetto derivante dal *metus reventialis* che una figura leggendaria, del cinema e della cultura mondiali finisce per incutere normalmente su qualunque comune mortale.

Nel frattempo, però, potrei anche essere legittimamente preso dalla curiosità di sapere cosa avrebbe pensato il Genio di Uppsala di questo mio lavoro.

Se lo avrebbe apprezzato - almeno *in nuce*.

Voglio dire: come idea.

E se, a libro finito, avrebbe concesso anche a me - di buon grado o meno - il suo personale consenso alla stampa e alla pubblicazione[64].

Purtroppo, al punto in cui ci troviamo adesso, posso solo limitarmi a sperare che il Maestro legga il mio libro - semmai dovesse arrivargliene l'eco - dove mi auguro che ora egli possa soggiornare.

In paradiso.[65]

---

[64] Questo è il terzo libro che l'autore dedica al cinema di Ingmar Bergman. Viene dopo il saggio: *Il genio di Uppsala. Il grande cinema di Ingmar Ernst Bergman spiegato a chi lo ignora*, Lulu Edizioni, 2012; e la raccolta di 116 aforismi del Maestro: *Parla con Bergman*, Lulu Edizioni, 2012.

[65] Lo stesso Ingmar Bergman, a proposito del paradiso o giù di lì, era solito ripetere, assai mestamente: *Io non sono un credente. Qualsiasi forma di salvezza ultraterrena mi suona blasfema.*

IL RACCONTO

1

PROLOGO

... Monica e il desiderio *elabora... la storia di una ragazza*
che seduce un uomo, fuggono,
trascorrono insieme l'estate al limite della legalità e,
giunto l'inverno, tornano in città,
hanno dei problemi e si lasciano.

(Dal libro: *Conversazione con Ingmar Bergman*,
di Olivier Assayas e Stig Bjorkman)

L'aurora di un nuovo giorno si leva su Stoccolma.[66]
E' l'alba di una primavera già tiepida.
E sarà l'alba di una primavera arroventata dalla passione e
dall'amore.

---

[66] *Stoccolma... c'è il sole ma fa freddo. La città è trasparente,*
luminosa. Piccoli battelli in partenza per l'arcipelago vanno a
zigzag fra le isole. Non lontano dal lungomare, il Teatro Reale
Drammatico con il suo aspetto massiccio di istituzione fuori dal
tempo, nel tempo immobile delle città scandinave. (O.Assayas e Stig
Bjorkman, *Conversazione con Ingmar Bergman*, Lindau, Torino,
1990). Stoccolma, attuale capitale della Svezia, è la città nella quale
sono realmente ambientati, sia il romanzo di Per Anders Fogelstrom,
che il film di Ingmar Bergman, entrambi titolati: *Sommaren med*
Monika, cui questo racconto si è largamente ispirato.

31

Un'altra giornata dal cielo terso è appena iniziata.
Di questi tempi, a questa latitudine, giornate come questa si fanno sempre più frequenti.

Ma il facile annuncio della bella stagione - più calda, sì! ma troppo a ridosso di un gelido inverno - e qualche ora di luce in più, ancora non bastano a scaldare l'aria.

Tantomeno bastano a sciogliere i cumuli di neve ghiacciata ammassata dove i marciapiedi spariscono sotto i muri delle case.

La città, ancora sonnolenta, sembra specchiarsi nelle sue acque gelide, come se volesse scrollarsi di dosso il torpore del lungo e buio sonno invernale, per rifarsi il trucco messo in disordine dal riposo notturno.

Proprio allo stesso modo in cui, di prima mattina, farebbe appena sveglia, mollemente seduta davanti allo specchio della sua toletta, una donna bella, elegante, annoiata, non troppo avanti con gli anni, quindi ancora seducente e desiderabile.

I ponti maestosi, sostenuti dai larghi bastioni, si allungano sui navigli; si stagliano sul mare i solenni palazzi reali; in controluce svettano, imperiose contro il cielo, le guglie a cipolla di rame ossidato, tinte di verde, degli antichi campanili di Gamle Stan[67]: come fossero diademi, tempestati di pietre preziose, posati sulla fronte di una vera regina.

Nel cielo azzurro spruzzato di grigio della città portuale i gabbiani, eccitati dall'odore delle giovani aringhe guizzanti, hanno iniziato un'altra lunga giornata di pesca forsennata; piccoli stormi disordinati e chiassosi sorvolano, con larghe volute, attenti e ossessivi, gli spalti spaziosi e le onde indistinte del gelido Mare del Nord.

Un motoscafo naviga pigramente sull'acqua piatta e limacciosa degli ampi canali, lasciandosi alle spalle, a

---

[67] La Città Vecchia di Stoccolma come si chiama in lingua svedese.

contemplarsi nella sua lunga scia, la città che si è appena destata, in un letto di densa ma impalpabile bruma.

Fa rotta verso una calda estate d'amore e libertà, di passione e ribellione, di sesso e disobbedienza, di desiderio e indipendenza.

Ospita a bordo due giovani innamorati e indignati; determinati a reagire alle ingiustizie e a trasgredire le regole imposte.

Ma è risaputo che dopo una dolce, gradevole estate arriva sempre l'autunno uggioso e, dopo di esso, inesorabile, tornerà sul mar baltico un altro inverno glaciale.

La Stoccolma degli anni cinquanta, la città più grande ed elegante, la più antica e popolosa della Scandinavia, è indolente e sontuosa, affascinante e magica.

E' il posto dove è nata e vive Monika.

E' il posto dove è nato e vive Harry Lund.

Ed è anche la città dalla quale si dipana la loro grande ma breve storia d'amore che, di qui a poco, si tenterà di raccontare.

2

MONIKA CONOSCE HARRY LUND
E LO SEDUCE.

Monica è essenzialmente corpo da nutrire,
sesso da soddisfare, sorgente da alimentare.

(Dal libro: *Ingmar Bergman, Segreti e magie,*
di S. Arecco)

Monika non è esattamente la svedese alta e bionda che ti aspetteresti.
Certo non è bassa. E' alta un metro e sessantaquattro centimetri, ha capelli castani e occhi marrone.[68]
E' una ragazza molto giovane. O una giovanissima donna - se preferite. Come lei, di certo, vorrebbe che gli altri la considerassero. Ma ha solo diciassette anni.
Anche se - a volerla dire tutta, la verità - di anni ne dimostra qualcuno di più.
Forse, è colpa dei larghi fianchi di donna già ben modellati; dei seni gonfi, prepotentemente sbocciati, incontenibili e duri, a gonfiarle orgogliosi la camicetta sul petto; delle gambe lunghe e snelle e affilate.
Oppure è colpa di quella sigaretta che stringe perennemente fra le labbra, come a voler somigliare per forza a una signora,

---

[68] Quelle descritte qui dall'autore sono esattamente le caratteristiche fisiche dell'attrice che impersona Monika: Harriet Andersson.

a una dama o - perché no? - a una diva famosa del cinema d'epoca: non importa che si chiami Marlene Dietrich, Greta Garbo o anche Ingrid Bergman[69].

Il troppo fumo delle abbondanti sigarette ha anche contribuito a indurirle precocemente la voce.

Oppure è per colpa di quei suoi sguardi fintamente ingenui, ma provocanti, che prova e riprova come un'attrice navigata ogni mattina davanti allo specchio.

Controllati, costruiti e affinati, fino a quando non siano diventati abbastanza scaltri e maliziosi.

Da grande, insomma.

Da donna che vuole apparire già fatta.

In una parola: da femmina.

Oppure può essere colpa di quella sua eterna inquietudine, dell'insoddisfazione che deriva dall'obbligo anagrafico di doversi considerare ancora ingenua, che le procura una rabbia quotidiana, anzi eterna.

E, con essa, la voglia incontenibile di crescere in fretta.

Lei che ha già scoperto l'amore.

Insieme a quella strana smania che la porta costantemente in cerca di qualcosa che nemmeno lei sa bene cosa sia.

Ancora ...non sa!

O, forse, è colpa di quel lavoro monotono e insoddisfacente e mal retribuito che ha iniziato presto, troppo presto, da bambina.

E che non ha più cambiato: un po' per incuria e un po' per abitudine.

Ma che si è tenuto ben stretto, soprattutto, per necessità.

Le bambine piccole, si sa, dovrebbero giocare con le bambole o a campana, o intrattenersi con le loro amichette per saltare la corda, ruotare i cerchi sui fianchi, e distrarsi in altri mille modi divertenti.

---

[69] Delle tre famosissime attrici citate la Bergman è l'unica ad aver lavorato, una sola volta, in un film di Ingmar Bergman: *Hostsonaten* (*Sinfonia d'autunno*, 1977) e, nonostante condividano il cognome, i due artisti non erano parenti, come molti erroneamente ritengono.

Le bambine piccole svedesi si dilettano a intrecciare corone di stoffa e candele di cera che poi si mettono in testa e si accendono nel giorno di Santa Lucia, andando tutte assieme in una processione che illumina la notte e la neve.

Le bambine piccole dovrebbero fare di tutto di più; ma, di certo, non dovrebbero lavorare.

E dovrebbero anche andare a scuola

…le bambine piccole.

E Monika la scuola l'ha abbandonata troppo presto.

Ma Monika è bella. Proprio bella.

Non troppo elegante, in verità. Anzi, quasi goffa, fasciata com'è in quei rozzi abiti da lavoro costretta a indossare per l'intera giornata - ma bella.

Bella, pure con i pesanti calzettoni di lana che indossa perennemente quando lavora, ma con la stessa disinvoltura di una ballerina del Teatro dell'Opera che indossa fuori scena un paio di spessi scalda-muscoli di lana.

Bella, pure quando si muove leggiadra sui pesanti scarponi da montagna, incredibilmente aggraziata.

Con la stessa leggerezza di una ballerina che danza sulle punte delle sue scarpine di pelle di pesce.

Lei si muoverà, nuda e armoniosamente disinvolta, sulle tonde scogliere di Orno[70].

Bella in quella gonna doppia di flanella e quel maglione di lana infeltrita fatto con i ferri.

Bella anche quando si aggiusta gli spessi mutandoni di lana, che indossa contro il freddo, prendendone un lembo e tirando giù col pugno l'ammasso di stoffa che le copre le natiche.

Bella, con quel suo incarnato bianco, lunare; quel viso ovale, dolce e insieme aggressivo, perennemente imbronciato; incorniciato dai folti capelli castani ondulati che le cadono sulle spalle, leggermente scarmigliati e indocili.

Oppure col capo coperto per proteggerlo dalla polvere e i capelli raccolti in una grossa pezzuola nera legata sulla nuca,

---

[70] L'isola dell'Arcipelago che condividerà con Harry Lund, una volta abbandonato il lavoro e la città.

una specie di cuffia che li tiene riparati e ordinati, ma ne mortifica la femminilità e l'avvenenza.

Bella, con quella sua bocca fresca, carnosa, dalle grandi labbra solcate, che sembra già avida di baci.

Con quel suo naso all'insù, piccolo piccolo, alla francese.

E quei suoi occhi neri e furbi, profondi e volpini.

Bella, per la sua euforica, contagiosa spensieratezza; per la sua avvenenza sfrontata; per la sua presenza erotica e magnetica, che attira l'attenzione e gli sguardi dei maschi verso la sua persona minuta, ovunque si trovi al momento - proprio come il nord attira sempre l'ago di una bussola.

E' smaniosa Monika, e tempestosa.

In possesso di una forza singolare, eppure è vulnerabile.

Già stanca di questa vita fatta, finora, solo di lavoro e povertà, di rinunce e di stenti, di fatiche mal ripagate.

Ma che lavoro è - si chiede lei, spesso, quasi ogni santo giorno - fare la commessa in un magazzino di frutta e verdura per una miseria di paga; una manciata di corone che non le bastano nemmeno a comprarsi il sapone e le sigarette, o a pagare i numerosi caffè che sorseggia più di una volta al giorno.

Un lavoro che ti tiene impegnata per l'intera giornata.

Che lavoro è mettere a posto fasci di ortaggi umidi, appena colti; patate, rape rosse, finocchi, insalate, sedani, topinambur, asparagi, e altro ancora, freddi e incrostati di fango, nelle cassette in cui viaggeranno, in fila ordinata, sballottati sui camion per le strade di tutta la Svezia.

E che soddisfazione potrebbe esserci, poi, a poter solo capire che col tuo lavoro e con la tua verdura sistemata si faranno le zuppe che contribuiranno a scaldare gli stomaci di mezza Scandinavia?

Con quel poco che ti danno, non puoi nemmeno soddisfare il più comune, il più infinitesimo desiderio di una giovane donna.

Non puoi nemmeno comprare un vestito nuovo per la domenica; o una camicetta elegante da indossare le rare volte che qualcuno t'invita a ballare; o un bel paio di scarpe basse di pelle; o un grasso rossetto di marca con cui proteggere, dal freddo vento del nord, le delicate e morbide labbra; o una capace borsa di vernice rosa cipria con i manici di corno dove poter riporre le tue poche misere cose.

E, per giunta, un lavoro nel quale Monika è diventata, suo malgrado, l'obiettivo di tutti i maschi; l'oggetto del desiderio sessuale di tutti quelli che entrano nel magazzino per comprare, scaricare o caricare, o che ci lavorano con lei.

E il bello - anzi il brutto - dell'intera faccenda è che molti di essi non si limitano ad apprezzare la sua indubbia, appariscente avvenenza, con un corteggiamento platonico o limitandosi alle sole parole, più o meno pesanti.

Quasi tutti si producono, spesso e volentieri, come ci fossero costretti da lei e dalla sua avvenenza fisica in approcci erotici quasi tutti invadenti, insistenti, volgari, se non addirittura osceni.

E' stanca Monika.

Stanca del lavoro, delle *avances*, della *routine*, della mancanza di soldi.

Stanca di tutto, insomma.

Ma in particolare è stanca della sua famiglia povera, colpevole di averle procurato in dote una vita scomoda, indigente e disagiata.

Stanca di assistere a continue liti e scenate, causate sempre dagli stessi motivi: la mancanza cronica di soldi in famiglia; l'ubriachezza molesta del padre alcolizzato.

Ed è pure stanca di dormire in cucina.

E, per giunta, di dormire poco e male.

Per colpa del trambusto e del via vai che ogni mattina presto le fa, inesorabile, da sveglia.

Monika dorme in cucina, perché la casa che ospita l'intera famiglia è angusta e lei non ha, né l'ha mai avuta - nemmeno prima, quand'era più piccola - una cameretta tutta sua.

Come sarebbe stato giusto prima e sarebbe ancora più giusto oggi.

Per una ragazza della sua età, che ha un bisogno impellente di spazi tutti suoi, dove poter coltivare la sua intimità femminile;

costruire e proteggere la sua riservatezza di donna quasi fatta.

Insomma un posto, tutto suo e solo suo, dove potersi rifugiare al riparo degli sguardi indiscreti della famiglia e del mondo che entrambi detesta.

Il padre, poi - perennemente disoccupato, eternamente ubriaco, sempre alle soglie di un pericoloso *delirium tremens* procurato dall'abuso di *schnapps* o in procinto di ricevere un risolutivo colpo apoplettico - con lei, che è la più grande dei figli, è burbero, sgarbato, spesso, anche violento.

Eppure si dice che i padri nutrano un debole per le figlie femmine.

Si dice che i padri dovrebbero sentirsi più profondamente legati alle figlie femmine che ai figli maschi.

A meno che la sua non sia l'eccezione che conferma la regola.

La madre, da cui Monika ha ereditato la bellezza, la grazia e la femminilità - da giovane è stata anche lei una gran bella donna - ora è sfiorita e disfatta dalle numerose e ripetute gravidanze, decaduta e introversa.

Sarebbe più indulgente e malleabile, condiscendente, quasi dolce con lei.

Ma non ha molto tempo da dedicarle, da regalarle.

Deve spendersi in casa, totalmente, per accudire ai fratelli più piccoli e per tenere un minimo d'ordine e una parvenza di pulizia e igiene.

E questa è la sorte che le tocca, il prezzo da pagare, per essere nata la figlia più grande.

Si è fatto quasi mezzogiorno al negozio. E non siamo nemmeno arrivati a metà della lunga giornata di lavoro.

Monika va a sedersi un momento nello squallido bar attiguo al posto di lavoro.

In una delle tante brevi pause che si concede; che contribuiscono a fare meno monotona e pesante da sopportare la sua, altrimenti, interminabile giornata.

Sogna Monika. Come fa sempre. Sogna mentre aspetta che un cameriere le serva il caffè e qualcun altro, o anche lo stesso, si offra di accenderle la sigaretta ancora spenta ma già umida che da un po' stringe nervosamente tra le sue labbra carnose.

I suoi non sono sogni proibiti e nemmeno impossibili. Sono sogni normali, di una ragazza normale. Sogna Monica. Di potersi occupare in un lavoro meno duro e, magari, più remunerativo di quello che ha già.

Di andare a vivere da sola o, ancora meglio, in compagnia del suo uomo.

Di sposarsi con l'uomo che ama.

Di poter spendere per se tutti i soldi che guadagna, in vestiti, belletti e gioielli.

E così, guardandosi intorno, scrutando un possibile soccorso nel locale, scorge proprio Harry Lund[71].

Un uomo, anzi, un giovane, meglio ancora, un ragazzo di 19 anni, seduto da solo a un tavolo non troppo lontano dal suo.

Anche lui è bello, a suo modo, sembra ingenuo ma smanioso quanto basta, ed è, per giunta, vestito male.

In realtà non è vestito male, è che indossa anche lui gli abiti da lavoro.

Una tuta lercia e polverosa addosso e un berretto polveroso e lercio in testa, a tenere imbrigliato il lungo ciuffo ribelle che, altrimenti, gli coprirebbe buona parte della fronte spaziosa.

Meglio così!

Pensa opportunamente Monika.

Lei non s'imbarazzerà ad avvicinarlo e a parlargli.

Lui sarà lusingato lo stesso e senza impaccio eccessivo.

Nessuno dei due ne riceverà soverchia soggezione.

Harry è vestito com'è vestito perché fa anche lui il commesso in un magazzino nei pressi del fronte del porto.

---

[71] Il cognome di Harry, è quello effettivamente utilizzato da Bergman nella sceneggiatura del film e, se quel film non precedesse l'altro di un lustro, potrebbe sembrare anche una citazione di Smulltronstallet (*Il posto delle fragole, 1957*). Lund, infatti, è anche il nome della città nella quale si reca Isak Borg per festeggiare il giubileo della sua professione.

Lavora da Forsberg.

Dove si scaricano, caricano e si stoccano piatti e stoviglie, portafiori e bicchieri, vasi e brocche, insomma tutte le merci di vetro, cristallo e ceramica più svariate in arrivo al porto commerciale di Stoccolma da ogni paese del mondo, anche quelli più lontani.

E dove, però, i proprietari e i superiori non hanno alcun riguardo per la sua mansione delicata, importante, anzi nevralgica.

Né per la sua persona, ancorché modesta.

E dove il proprietario, per impartire i suoi ordini perentori e per controllarlo mentre lavora, almeno un centinaio di volte al giorno, sbuca con la sua piccola testa da una finestrella protetta da uno scorrevole di compensato, fissando i subordinati coi suoi occhi scerpellini.

Così il tremendo destino di Harry è quello di essere considerato meno di niente; tutti, nel magazzino, lo trattano come fosse una ruota di scorta, una specie di scaricatore, commesso, trasportatore.

Insomma un fac-totum.

Un dipendente, anonimo, senza volto e senza identità al quale si può chiedere, anzi ordinare, di tutto.

Si può anche chiedere, anzi ordinare a tutte le ore e con qualsiasi tempo, di saltare in sella al carrettino a tre ruote delle consegne e pedalare per tutta Stoccolma. Uno da cui non si verrà mai contraddetti. Uno dal quale si otterrà, sempre e fedelmente, sottomissione e obbedienza.

Anche Harry al momento è in pausa.

Seduto a un tavolo del bar dove va di solito.

Ne approfitta anche lui per prendere un caffè caldo e corroborante, seguito dall'immancabile sigaretta senza filtro.

Harry è un ragazzo, timido e impacciato, ma per questo tranquillo.

Forse è così perché è orfano di madre fin da piccolo.

Convive col padre ammalato, vedovo e acciaccato, solitario e introverso.

Entrambi gli uomini, e la loro casa modesta, sono accuditi da una vecchia, ma ancora efficiente, zia Agda[72]. Due volte la settimana, sempre gli stessi giorni e alla stessa ora, puntuale come un capostazione, la zia va a mettere in ordine l'appartamento.

Spolvera, rassetta, sprimaccia energicamente i cuscini, rifà i letti o cambia le lenzuola e le federe, prepara un boccone caldo per cena e fa loro il bucato.

Poi se ne va, silenziosa e discreta, com'era venuta.

Proprio ad Harry il solitario si rivolge Monika, chiedendogli se ha da accendere.

E lui stupito, ma lusingato, dalla richiesta della bella ragazza, inizia a cercare con nervosismo nelle tasche dei pantaloni e nei numerosi taschini del giubbetto la sua scatoletta dei fiammiferi.

Alla fine la trova.

E' raggiante, Harry.

Contento e soddisfatto per non aver deluso le attese di quella bella e strana ragazza.

Ma è anche agitato.

E infatti, con fare goffo e insicuro tenta inutilmente di accendere un primo fiammifero.

Poi ne gratta un altro sul fondo grinzoso del piccolo astuccio.

Poi un altro e un altro ancora; e ancora e ancora.

Fino a quando, dopo averne sprecati una buona dozzina, non riesce ad innescare la sospirata fiammella che serve ad entrambi.

Monika senza quel fuoco non può divorare con veloci e voluttuose boccate la sua sigaretta.

Ad Harry, quel fuoco serve per iniziare a sentirsi adeguato a soddisfare i pur piccoli bisogni di lei.

Insomma, a sentirsi utile, per una volta.

---

[72] Il nome Agda è stato arbitrariamente attribuito dall'autore, scegliendolo tra quello dei protagonisti dei film di Bergman. Si chiama Agda la governante del dottor Isak Borg in *Smulltronstallet*. (*Il posto delle fragole*, 1957).

Con le mani fatte a coppa, per ripararla da eventuali refoli di vento che potrebbero spegnerla, avvicina al viso di Monika la flebile fiamma.

La porge con un gesto cortese e premuroso, ma quasi timoroso.

A quella ragazza misteriosa e fascinosa e sfacciata che fortunosamente si è rivolta proprio a lui, senza conoscerlo, nemmeno di vista.

Quel suo gesto automatico, quasi banale, gli permette d'averla vicina, d'avere vicino il suo volto, di poterlo osservare per bene, per brevi momenti, ma con cura e attenzione, e senza doverne temere alcuna reazione.

E infatti, in quel preciso momento Harry può apprezzare la bellezza, fresca e sfrontata e arrogante, di Monika.

Quel suo viso dalla pelle levigata e perfetta.

Quel suo sguardo furbo, audace, impertinente.

Che, quando lo incroci, quasi ti sfida e ti costringe ad abbassare il tuo.

La prima frase vera che Monica rivolge ad Harry sconvolge il ragazzo.

E' un pugno dritto nello stomaco.

Contiene tutto il mondo.

E' un invito altezzoso, un ardito programma di viaggio, un baldanzoso progetto di vita, un bellissimo sogno da realizzare assieme a lui, al momento e senza pensarci su troppo.

La primavera è arrivata. Vorrei andare a vagare in un mondo senza meta.[73]

Due giovani vite si sono appena trovate, improvvisamente, inaspettatamente.

Due giovani, forse senza ancora saperlo, hanno trovato l'amore che cercavano.

Di certo si sono alleate.

---

[73] La frase è estratta dalla sceneggiatura originale del film di Bergman *Sommaren med Monika* (*Monica e il desiderio*, 1952).

Harry e Monika decidono fin da subito di frequentarsi.

Si danno appuntamento per il pomeriggio.

Andranno a passeggiare per le vie eleganti del centro.

Prenderanno un cono gelato, il primo dell'anno, da leccare camminando.

Poi si fermeranno ai tavolini di un bar lungo i viali di Birger Jarl[74] a prendere un caffè con la panna e a guardare, teneramente e senza alcuna invidia - stavolta - gli altri innamorati che passeggiano.

Si terranno affettuosamente per mano, intrecciando morbidamente le dita. Oppure Monika si aggrapperà con le braccia unite a una spalla di Harry.

Ogni tanto si fermeranno al centro esatto del marciapiede, e si abbracceranno per baciarsi con trasporto, senza pudore, come fanno i due innamorati parigini immortalati per strada in una foto famosa di Cartier-Bresson.

Come a gridare al mondo intero che sono innamorati davvero.

Poi, quando calerà la sera, andranno al cinema.

Si sono già accordati per andare a vedere assieme un bel film d'amore appena uscito nelle sale del centro.

Né lei né lui l'hanno ancora visto.

Lì, al buio, durante la proiezione potranno anche approfittare per scambiarsi, umidi baci, toccamenti arditi e carezze intime.

Il film che Monika vuole vedere s'intitola: *Amore infinito*.[75]

Appunto. Un augurio.

Ma, adesso, non è ancora giunto il momento.

Per qualche ora, dovranno dividersi.

Dovranno separare i loro giovani corpi avvinghiati.

Pazienteranno ancora un po', per poi ritrovarsi.

Ora li aspetta la dura realtà e il tanto detestato lavoro.

Ed è proprio lì che si recano, entrambi mestamente.

Entrambi accompagnati dal pensiero di un amore appena sbocciato, che è stato interrotto troppo presto.

---

[74] Nome di un quartiere e di una via al centro di Stoccolma.

[75] Il titolo citato è quello di un film vero, naturalmente tradotto in italiano dall'autore.

Si è fatto buio fuori, Monica e Harry sono al buio, ma all'interno del cinema.
Sullo schermo un uomo e una donna, amanti, si abbracciano e ballano.
Poi la donna prende decisamente l'iniziativa, invita il compagno a non esitare:

Puoi baciarmi ora caro. Ti amerò per l'eternità, anche se il mondo ci costringe a separarci. ...Addio amore mio.

Nella sala, scura affollata e piena di fumo, Monika si fa rapire e portare lontano dall'emozione.
Le parole accorate e romantiche dei protagonisti provocano il suo pianto di commozione e di gioia.
Piange a dirotto Monika.
Harry, invece, pare annoiarsi.
In ogni caso non appare del tutto compreso del romanticismo che tanto coinvolge la sua ragazza.
Assiste più distaccato, quasi distratto.
Lui è meno emotivo, più concreto di Monika.
E' interessato solo a ricevere baci e carezze dalla sua amata.
Ma si sa che le femmine sono più sensibili dei maschi.
All'uscita dal cinema Monika si è ormai ripresa dall'emozione procurata dalle scene d'amore.
Ha asciugato il suo volto dalle ultime lacrime col fazzoletto di lui. Poi, l'ha ripiegato per bene e restituito, infilandolo, come in un gesto di confidenza tra coniugi, nel taschino della sua giacca. L'ha spinto con due lunghe dita ben a fondo ed ha appiattito il piccolo bozzo dando un colpetto col palmo della mano aperta.
Alla fine si è aggrappata davvero al braccio di Harry e, come una falena notturna, attratta dalle luci ancora accese della vetrina, lo trascina davanti ad una boutique elegante.
Si attarda ad ammirare estasiata una camicetta che le starebbe molto bene.
Monica sa di non poterla comprare.
Perché costa troppo.

Ancora, non può comprarla.

Ma lei sogna di poterlo fare un giorno.

Un giorno, che spera arriverà molto presto.

Poi, passeggiano ancora, sfilando lentamente lungo l'affollata ma tranquilla Storgatan[76].

Costeggiano la canonica.

Lì ha abitato per un po' il giovane Ingmar Bergman col padre, il pastore Erik, sua madre Karin e il resto della sua famiglia.

Quindi, stanchi e soddisfatti ma affamati, si siedono su una panchina.

Come a voler ricreare nella realtà una delle scene vissute al cinema - questo, almeno, può farlo Monika - invita Harry a prenderla tra le sue braccia.

E, replicando esattamente la battuta centrale dell'attrice protagonista, aggiunge con enfasi:

Ora puoi baciarmi, se vuoi.

Qualche giorno è passato dal loro primo incontro e Harry, per il loro prossimo appuntamento, si è fatto un poco più audace di quanto la sua innata timidezza, fin qui, non gli abbia mai concesso.

Approfittando dell'assenza da casa del vecchio padre, una sera invita Monika a cena, per trascorrere insieme qualche ora.

E' un modo innocente per stare assieme, con la scusa di mangiare un boccone, e scambiarsi qualche affettuoso gesto d'amore.

E con quelle effusioni Harry darà a Monika anche un regalo.

---

[76] Corrisponde alla realtà storica la circostanza che proprio a Storgatan, nella canonica attaccata alla chiesa, vissero, per un periodo della loro vita, il giovane Ingmar Bergman e il resto della sua famiglia. La citazione esatta è estratta dall'autobiografia di Ingmar Bergman: *Immagini*. Alla pagina 124 si legge: *...A papà venne assegnata la parrocchia di Hedvig Eleonora, a Stoccolma.... La famiglia si trasferì nell'appartamento del parroco, al terzo piano di Storgatan sette, di fronte alla chiesa. A me fu data una grande camera sulla Jungfrugatan....*

Il primo che Harry fa a Monika.

Il primo che Monica riceverà da Harry.

Nessuno dei due può immaginare che quel regalo, il primo, sarà anche l'ultimo.

Harry si avvicina impacciato a Monika.

Quasi per evitare l'imbarazzo di porgerlo nelle sue mani e di guardarla negli occhi, a sorpresa le getta sul grembo un piccolo involucro leggero.

Le ha regalato un paio di calze nuove.

Monika mostra di apprezzare molto il gesto di Harry e, ancora di più, l'oggetto del dono.

E subito indossa le calze nuove.

Raggiante.

Mentre amoreggiano sul divano buono, nell'accogliente penombra del salotto, creata ad arte da Harry, che ha evitato di accendere luci nella stanza, le loro effusioni sono interrotte dall'improvviso e rumoroso ingresso del padre di lui.

L'uomo, rientrato impetuosamente per prendere qualcosa che ha dimenticato, quasi non si accorge di loro.

Si accorge appena di aver interrotto un approccio fra i due, ma se ne disinteressa e trova solo il tempo per salutare affettuoso la giovane compagna del figlio.

Infatti, esce dalla casa subito dopo.

Ma l'incantesimo che si era creato tra i due giovani amanti ormai è stato interrotto.

I due decidono di abbandonare la casa.

Harry accompagna Monika a casa sua.

Nel tragitto incontrano un uomo, dal quale sono importunati pesantemente.

Ma cosa vuole da loro questo sconosciuto villano e inopportuno?

Harry non può saperlo ma si tratta di una vecchia fiamma della ragazza che tenta di infastidirla e irride anche il suo ignaro accompagnatore.

Quando Monika si è già ritirata, lo fronteggia a muso duro, tenta di aggredirlo e, prima di dileguarsi, lo colpisce con un pugno alla bocca dello stomaco che piega Harry in una smorfia di dolore.

A questo punto un campanello d'allarme potrebbe suonare nel cervello di Harry.

Qualche domanda sul passato di Monika sarebbe automatica, oltre che necessaria e legittima, in un tipo più scaltro e più malizioso, insomma, più esperto di lui.

Ma Harry è obnubilato - è troppo innamorato.

Forse, per non rovinare l'atmosfera di sogno appena creata, preferisce far finta di niente e archiviare subito lo strano episodio.

Oppure, più opportunamente, preferisce vederci chiaro, aspettando, magari, che un altro segnale più evidente si manifesti.

Per il momento sceglie di leccarsi le ferite, più fisiche che interiori, e se ne torna lentamente verso casa.

Pensando a Monika realizza.

Provo per te un affetto senza fine, un affetto impensabile. E' un'angoscia avere in se un affetto così immenso.[77]

---

[77] La frase, tratta dalla sceneggiatura del film di Ingmar Bergman *Sommarlek (Un'estate d'amore,* 1950), è anche citata dall'autore nel suo libro: *Parla con Bergman* (Aforisma n.79, pag. 78: *Affetto*).

3

LA FUGA DA STOCCOLMA

... Che vadano pure. Faranno ritorno tra breve. L'importante
per loro è fare qualcosa di proibito.
Che si godano la loro estate in pace.
Verrà l'inverno presto e le delusioni li faranno ritornare.

(Dalla sceneggiatura del film di Ingmar Bergman:
Kvinnors vantan[78] - *Donne in attesa*, 1952)

E' una mattinata di lavoro come tante, nel negozio dove
Monika presta servizio.
La ragazza, intenta alle sue consuete mansioni, è
continuamente molestata da Anders[79], un collega non tanto
giovane, anzi, piuttosto attempato, corteggiatore manesco,
maldestro e assillante.
Ma questa mattina è diversa da tutte le altre che l'hanno
preceduta.
Ora Monika non è più sola.
Ha un fidanzato.
Si è messa stabilmente con Harry.
Pensa solo a lui e non può permettere che uno stupido
importuno rovini il suo sogno d'amore appena sbocciato.
Ripensa alle *avances* di Anders mentre pulisce, ordina
verdure, impila cassette, scopa, spolvera e lava per terra.

---

[78] Il film narra di quattro donne e una ragazza che attendono in una
villa di campagna l'arrivo dei rispettivi mariti e del fidanzato della
più giovane.
[79] Anche il nome del molestatore di Monika è stato liberamente
inventato ed attribuito dall'autore, sempre attingendo, come nel caso
precedente di Agda, e quello successivo di Alma dai numerosi
personaggi dei numerosi film di Bergman.

E' molto infastidita dall'impertinenza dell'uomo.

Così spazientita lascia il lavoro e torna a casa.

Ma a casa l'aspetta la tensione di sempre.

Nulla pare cambiato in sua assenza.

Del resto manca solo dal primo mattino.

Il padre è, come suo solito, ubriaco.

La madre tutta presa dalle faccende quotidiane e dalla gestione dei fratellini piccoli che strepitano.

Insomma, Monika si rende subito conto di trovarsi nell'impossibilità di parlare con qualcuno, di confidarsi, di raccontare ad altri quanto di spiacevole le è successo al lavoro.

Vorrebbe urlare al mondo - o a uno solo - la sua rabbia per essere stata molestata. Vorrebbe parlare, confessarsi a qualcuno, ed essere calmata.

Vorrebbe avere tra le braccia Harry, farsi cullare e coccolare.

E, intanto, dirgli tutto il suo amore.

Le basta un attimo per prendere la decisione che covava dentro già da qualche tempo.

Andrà via di casa.

Andrà a vivere per conto suo.

Anzi, meglio: ha deciso di condividere la vita e la casa con Harry, l'unica persona che, attualmente, le sta vicino e sembra capace di comprenderla.

Il suo fidanzato la accoglie amorevole, come sempre.

E' compiaciuto del gesto di Monika ma insieme mortificato.

Sa bene di non poterla ospitare a casa.

Suo padre non lo permetterebbe.

Figuriamoci se potrebbe permetterlo l'anziana e costumata zia Agda.

Una convivenza dei due giovani, benché forzata, sarebbe insopportabile anche nell'avanzata Svezia degli anni '50.

Decide allora di offrirle un ricovero nella barca del padre ancorata a uno dei moli del porticciolo turistico.

Lui le farà compagnia.

Raccatta veloce un sacco a pelo e qualche indumento di ricambio dall'armadio in camera sua e insieme si avviano verso il porticciolo.

La strana coincidenza è che anche lui, quello stesso giorno, dopo l'ennesima angheria dei suoi superiori, si è licenziato dal magazzino presso il quale lavorava, suo malgrado.

E prima di andarsene, con una punta di vero compiacimento, ha volontariamente provocato un ultimo piccolo danno al padrone.

Ha rotto qualche cassetta da imballaggio, sfasciandola a calci ed ha pure frantumato a terra un prezioso vaso di cristallo.

L'ha spinto deliberatamente e lentamente sul ripiano dello scaffale fino a quando non l'ha visto piegarsi su se stesso e volare nel vuoto.

Per infrangersi a terra in migliaia di piccole schegge.

In verità era stato tentato di scagliare il vaso di cristallo in questione contro la finestrella dalla quale - come l'uccellino degli orologi a cucù - appariva la testa del suo padrone.

L'unica differenza è che il piccolo uccello canta una volta ogni ora; il suo padrone appare cento volte in un giorno.

Poi, per evitare guai che sicuramente sarebbero stati peggiori, si era limitato a fingere solo una caduta accidentale.

Anche lui ha deciso di lasciarsi tutto alle spalle e di ripartire.

Detto fatto.

I due giovani scelgono di fuggire e di girare il mondo vivendo alla giornata.

Monika ha progetti ambiziosi.

Annuncia solenne ad Harry:

Sono pronta per il giro del mondo.

I due giovani innamorati si prendono per mano e, correndo come scalmanati, per le vie di Stoccolma, in un attimo raggiungono il molo poco lontano.

Harry si ricorda perfettamente il posto preciso dov'è attraccata la barca del padre.

Solo la settimana precedente erano andati insieme a pescare salmoni nelle acque dell'arcipelago.

Monika ha indossato per l'occasione il meglio che il suo guardaroba estivo potesse offrirle.

Un'ampia gonna a fiori, lunga appena fin sotto al ginocchio; un paio di scarpe basse; una camicetta bianca senza maniche abbottonata davanti.

Ha raccolto i capelli.

Li ha fissati alle tempie con semplici mollette di ferro; li ha trattenuti dietro la nuca con un fermaglio d'osso.

Anche Harry si è vestito bene per l'occasione.

Indossa una sahariana stretta in vita da una coulisse; su ampi pantaloni di cotone; in testa una coppola con una larga visiera.

La scena potrebbe essere quella di un bel film romantico degli anni '50.

Due innamorati che dopo la corsa, mettono a terra, ai loro piedi, i loro bagagli - due semplici valige appoggiate una a fianco dell'altra - si abbracciano e si baciano.

Si sorridono, guardandosi il viso.

Stanno così appiccicati per lunghi minuti.

Sullo sfondo lo *skyline* della città che presto abbandoneranno, ancora avvolto dalla nebbiolina mattutina primaverile.

Poi finalmente decidono di staccarsi e raggiungono il molo.

Con un agile saltello, spiccato tenendosi sempre per mano, passano dal punto d'attracco all'ampio ponte dell'imbarcazione.

Atterrano dolcemente sulla barca dondolante.

Scendono nella cabina angusta per aprire le valige e sistemare le quattro cose che hanno raccolto frettolosamente da casa.

Sorridono, si guardano, si ammirano, si attraggono, si abbracciano, si baciano.

Harry, esce per primo dalla cabina, ha fretta di partire.

Si sistema al timone e mette subito in moto.

Scioglie il nodo fatto con la spessa fune di canapa che tiene legata l'imbarcazione agli ormeggi e lo tira a bordo grondante d'acqua, gettandolo subito da un lato.

Poi da gas, progressivamente.

La barca si stacca dal molo, per prendere il largo.

Lentamente.

I due giovani si lasciano alle spalle il lavoro, la città e le famiglie, per niente disperate.

Ora sono loro due soli e il mondo.

Navigano per un po', quasi senza meta, entrambi sono in piedi sulla piccola tolda.

Poi puntano decisamente verso il largo.

Il vento tra i capelli, guardando l'orizzonte lontano.

Sorridono.

Respirano, soddisfatti e felici, a pieni polmoni, l'aria salmastra dei canali e la fragranza unica e irripetibile di una fuga per la libertà.

Oltrepassano Rodudd e Stendorren.

Solo ogni tanto la loro rotta è incrociata dal battello Saltsjon che naviga lento e silenzioso lungo la consueta tratta mattutina tra Udo e Dalaro.[80]

Raggiungono presto la Jungfrufjarden[81], dove nel frattempo avevano deciso si dirigersi.

La baia non è certo lontanissima dal centro della città, ma già in mare aperto.

Una volta arrivati si tratterà solo di cercare un'isoletta, tra le tante, che sia abbastanza accogliente.

Riparata dal vento del nord, ben esposta e ospitale.

Ne avvistano subito almeno due che sembrano fare al caso loro.

Entrambe hanno l'aspetto di un posto ideale dove costruirsi un nido d'amore.

Sono quasi uguali, nella conformazione geografica, e contrapposte.

Gemelle bifronti.

Ma separate da non meno di mezzo miglio marino.

Una delle due dev'essere abitata.

Si vedono dei frutteti, con decine di meli che sembrano piantati in ordine sparso, ma i cui rami appaiono ben spuntati e accorciati di recente.

---

[80] Inserimento arbitrario dell'autore della citazione di un brano tratto da *Lanterna magica*, autobiografia di Ingmar Ernst Bergman, pag. 111.

[81] La baia della vergine, nell'arcipelago di isole a sud di Stoccolma.

Quindi devono essere coltivati.

La scelta, inevitabilmente, cade sull'altra.

Si chiama Orno.

Sembra disabitata. E nemmeno troppo estesa.

Si girerebbe interamente a piedi in pochi minuti.

Ha una superficie abbastanza piatta, pianeggiante, solo al centro appare un po' ondulata.

Lì si erge una serie di piccoli colli che digradano verso il mare, in tutte le direzioni.

Il lato che affaccia sul braccio di mare da dove arrivano ha davanti una piccola baia, coronata da una larga spiaggia sabbiosa da un lato e da scogliere di granito grigio non troppo scoscese, dall'altro.

L'interno è tutto coperto da accenni di bosco, quasi del tutto colonizzato da betulle frondose e da alte conifere.

Le colline sono rivestite da un prato verde coperto di erica e altre mille piante profumate, tra le quali spiccano i fiori gialli del tarassaco appena sbocciati.

Si avvicinano alla riva con molta circospezione, quasi timorosi per qualche sorpresa che poi non ci sarà.

Harry spegne il motore qualche decina di metri prima di arrivare a ridosso della spiaggia.

La barca già visibilmente rallentata dalla manovra di Harry, quasi si ferma, sempre sciabordando.

Subito dopo osservano entrambi la prua che si alza dall'acqua, per salire dolcemente e frenare la sua corsa su una piccola duna di sabbia umida che ne blocca definitivamente l'ultima inerzia rimasta.

L'imbarcazione si è fermata proprio dove le onde s'infrangono, baciando il bagnasciuga.

Piegandosi leggermente di lato.

Sono approdati.

Finalmente.

Harry prima butta la pesante ancora di ghisa sulla riva sabbiosa, poi salta nell'acqua; quindi prende in braccio Monika per non farle bagnare i piedi e le gambe, guadagnando un luogo asciutto, poco lontano, ma fuori della portata delle piccole onde che continuano a infrangersi ritmicamente sulla spiaggia.

Infine termina le operazioni d'attracco.

Afferra dal fondo del pozzetto di prua la lunga cima dell'ormeggio, la stende per tutta la sua lunghezza e la lega con un vigoroso nodo marinaio attorno al fusto dell'albero più vicino, a una quindicina di metri dalla riva.

Ormai è deciso: passeranno lì la notte.

E, forse, anche il resto della loro estate d'amore e di passione.

E' quello che avevano sognato: vivere liberi, a diretto contatto con la natura selvaggia.

Felici per l'inaspettata indipendenza di cui finalmente possono godere.

La piccola isola disabitata, in un niente, si trasforma nel loro personale paradiso terrestre.

I due giovani si sono catapultati improvvisamente in una dimensione quasi biblica.

Sembrano Adamo ed Eva.

Possono finalmente inebriarsi della libertà vagheggiata, immaginata, rincorsa, raggiunta e conquistata.

Monika non dà ad Harry nemmeno il tempo di finire le operazioni di attracco.

Appena messo piede sulla terra asciutta si spoglia; in un attimo si libera di tutti i vestiti.

Con un calcio getta per aria le scarpe, si sfila le calze, si toglie gli abiti e, infine reggiseno e mutandine.

Insomma, si è denudata completamente, senza pudore.

Col sole negli occhi corre nuda e scalza sugli scogli verso il mare.

Si tuffa, poi riemerge.

Fa qualche passo nell'acqua, poi si rituffa, provocando grandi schizzi tutt'intorno e lo stupore di Harry, che la guarda divertito ed estasiato.

Per lui la nudità di Monika costituisce un richiamo irresistibile: la raggiunge presto, ancora vestito di tutto punto, nell'acqua tiepida e trasparente.

La attira subito a se.

Il seno bagnato della ragazza gli appiccica la camicia sul petto.

Si baciano in bocca e sul collo.

Sono avidi dei loro corpi.

Lei, maliziosa ed eccitata, sorride, avvertendo subito l'erezione potente del giovane che preme sul suo ventre scoperto.

Le butta le braccia al collo, stringendosi a cavalcioni, con le gambe sui fianchi.

Con questa mossa a sorpresa è come se lo invitasse a entrare in lei: come se lo invitasse a penetrarla subito.

E lui, senza farselo dire due volte, raccoglie l'invito.

Per niente riluttante.

Si slaccia la cintura, si spoglia veloce, mentre lei è sempre appesa con le braccia al suo collo e lo bacia ripetutamente in bocca e dietro le orecchie.

Harry la penetra subito, in piedi, rabbioso.

Lei emette un gridolino di piacere misto a dolore, mentre lui la trasporta di peso sulla spiaggia, la stende a terra, sempre penetrandola, senza mai uscire da lei.

La bacia ancora, mentre inizia a muoversi ritmicamente, lentamente, senza frenesia.

E anche lei si muove, ruotando il bacino e accelerando il piacere di lui.

Si fermeranno, contemporaneamente, solo quando lei avvertirà i fiotti caldi del suo sperma che le bagna il monte di venere scorrendole copioso all'interno delle gambe nude.

Poi sorridono insieme, guardandosi negli occhi, soddisfatti, ma non ancora appagati.

Tenendosi sempre per mano si sollevano dalla sabbia umida.

Tornano in acqua a pulirsi; si tolgono il loro amore bagnato dalla pelle.

Il mattino successivo alla loro fuga, dopo essersi immersi in quella natura appartata e incontaminata, appena svegli rifaranno l'amore in cabina, con più calma e minore ingordigia, assaporando meglio la loro conquistata intimità, poi torneranno a lavarsi in mare.

Mentre Monika vezzosa si specchia nelle acque limpide, dopo aver preso il caffè che ha fatto sul fuoco acceso sulla spiaggia e dopo aver fatto ancora una volta l'amore, scoppia un violento quanto improvviso acquazzone estivo.
Ma subito torna il sereno.

C'è stato un gran temporale: a volte ci vuole, la pioggia pulisce l'aria.[82]

Adesso che la pioggia ha spazzato l'aria, e le nuvole hanno ripreso la loro corsa vero sud, il sole inizia a scottare ancora di più.
Dopo quel momento di piacevole frescura, riprende subito a far caldo.
Monika esce dalla cuccetta, dove si era riparata dalla pioggia battente, e ne approfitta per stendersi nuda sul ponte del motoscafo.
Vuole prendere aria, rinfrescarsi e colorirsi.
Voluttuosa inizia a toccarsi il corpo sinuoso.
Si accarezza languida il seno nudo e i capezzoli, che le s'induriscono subito.
E' un invito evidente, quasi sfacciato, che la ragazza rivolge ad Harry.
Al quale il ragazzo risponde di buon grado.
A esso il ragazzo non sa, non può, non riesce, non vuole resistere.
Non può e non vuole rifiutarsi di darle ancora piacere.
Non vuole rinunciare nemmeno di darsi piacere.
In un attimo le è addosso, nudo.
Dentro di lei.

---

[82] La battuta non è stata estratta dall'autore dalla sceneggiatura di *Sommaren med Monika* (*Monica e il desiderio* - 1952) ma rubata da quella di un altro bel film precedente di Ingmar Bergman: *Sommarlek* (*Un'estate d'amore* - 1950).

Fanno ancora l'amore sul ponte, facendosi quasi condurre dai movimenti ritmici e stimolanti che l'imbarcazione produce cullandosi sul pelo ondulato dell'acqua.

In una tale, euforica situazione è fin troppo facile per Harry pronunciare parole di felicità, certo spontanee, ma un po' frettolose.

Pensa, a quest'ora lavorano tutti.
Noi ci siamo ribellati contro di loro e contro tutti.

Scherzano ancora, fanno il bagno.

Harry si rade, mentre Monika cucina direttamente sul fuoco i funghi che hanno raccolto nel bosco. E, dopo, averli consumati - erano veramente affamati - fanno ancora l'amore.

Stavolta Harry prende Monika quasi con la forza.

Sono insaziabili i due giovani amanti. Si fa subito sera.

I due giovani amanti, raggiunti dall'eco di note lontane, decidono di fare rotta con la barca verso una radura vicina dove vedono una miriade di luci colorate. E' presumibile che lì si stia svolgendo una festa con tanto di musica e balli.

Harry pare scorgere tra la folla Lelle, il giovane con cui si è azzuffato sotto casa di Monika la sera del loro primo appuntamento. Chiede conferma a Monika, che non può o, semplicemente, non vuole confermare la presenza della sua vecchia fiamma. Sono appena arrivati, ma decidono di andare subito via. Sembrano non tollerare la presenza degli altri. Non sopportano la confusione e la gente intorno.

Il loro amore è appena all'inizio; va consumato rigorosamente in privato. Ha bisogno della riservatezza e del riguardo che i primi tempi richiedono sempre a gran voce. Se ne vanno presto e finiscono per ritrovarsi a ballare da soli, sull'erba di un molo abbandonato, poco lontano. Harry stringe Monika a se. Monika si stringe ad Harry. Il languore del ballo e la vicinanza dei due corpi caldi, pulsanti li eccita. Quando Monika avverte contro il suo stomaco l'ennesima, prepotente erezione di Harry lo attira a sé; invitandolo a stendersi a terra, sull'erba.

Non fa altro che sollevarsi l'ampia gonna fluttuante e sedersi a cavalcioni sul suo inguine, proprio in direzione del suo sesso, sotto è nuda, non indossa mutandine.

Il suo sesso, già bagnato, è separato da quello di Harry solo da uno strato sottile di stoffa leggera.

Harry si accorge anche al buio della provocante situazione creata ad arte da Monica.

E' eccitato dall'atteggiamento impudico di Monika, dal suo sesso rorido e da quello che tocca.

Le sguscia da sotto, per mettersi sopra di lei. Adesso la sovrasta. Con le ginocchia le allarga delicatamente le gambe nude. La penetra con un solo colpo, preciso, portato col suo sesso turgido al centro della sua femminilità gonfia e umida di piacere, poi va in profondità.

Lei le affonda le unghie nelle spalle. Lo bacia sul collo.

Lui la possiede con trasporto, aizzato dal dolore e dal desiderio. Qualche colpo ancora e non sa più trattenersi.

Gode, riempiendole il sesso di sperma.

Poi resta sopra di lei, dentro di lei, ansimante e svuotato.

Ma non si può pensare di vivere in eterno isolati dal resto del mondo, completamente tagliati fuori dalla società.

Consumandosi col sesso.

Oh... è così bello che vorrei esplodere nell'aria, finire in frantumi, sparire nel nulla.[83]

Che fantastico conforto!

Eppure Harry non riesce a scrollarsi di dosso l'incresciosa sensazione che niente di piacevole al mondo possa davvero durare.

---

[83] La frase è tratta dalla sceneggiatura del film di Bergman *Donne in attesa* (*Kvinnors vantan* - 1952) ed è stata anche utilizzata dall'autore nel suo libro *Parla con Bergman* (Aforisma n.46: *Sensazioni*, pagina 51)

4

LA VITA AD ORNO.

... Torneranno, quando l'estate sarà finita.

(Dalla sceneggiatura del film di Ingmar Bergman:
Kvinnors vantan - Donne in attesa, 1952)

I due giovani hanno occupato militarmente il piccolo isolotto.
Si sono accampati su uno di quelli più accoglienti, fra i tanti
dell'arcipelago; quello che sembrava loro il più riservato.
Per il momento si sostengono mangiando funghi raccolti nel
bosco e frutti selvatici.
Non è difficile, sull'isola, disseminata di radure, trovare posti
dove le fragole, i mirtilli rossi e blu, corbezzoli, cornioli e altre
bacche commestibili crescono abbondanti e sotto il sole
dell'estate maturano con cadenza quotidiana.
Il prato che scende dal centro dell'isola verso la spiaggia
sembra un verde tappeto ininterrotto punteggiato di piccole
bacche rosse e succose.
Harry, per l'occorrenza, ha ricavato, lavorandoli con un
piccolo temperino che porta sempre con se, i lunghi rametti,
sottili e flessibili, di una giovane betulla, un improvvisato
cestino intrecciato, applicandoci anche un manico piegato ad
arco e rivestendone l'interno con grandi foglie verdi.
Monika, invece, si è incaricata di badare a riempirlo di mirtilli,
lamponi succulenti e fragole dolci e profumate, ogni volta che
la loro fame l'abbia svuotato.
I due fuggiaschi trascorrono le lunghe giornate estive facendo
l'amore, oziando, parlando, prendendo il sole e bagnandosi in
mare. Monika, da quando ha messo piede nella natura
selvaggia e incontaminata, ha lasciato a briglie sciolte tutta la
sua femminilità, la sua prorompente fisicità, la sua sfrontata
bellezza, la voglia di vivere, di divertirsi e di trasgredire.

Modifica di frequente la sua acconciatura e, anche quando non se ne va in giro completamente nuda, ha ridotto drasticamente il suo abbigliamento.

Nel frattempo, ha anche cambiato le sue abitudini quotidiane e la ragione della sua vita.

Si è votata a cercare il piacere e a ricambiarlo devota al suo uomo, ogni volta che uno dei due ne abbia voglia.

In pratica non è possibile che si avvicini ad Harry senza prodursi in effusioni che sfociano rapidamente in un amplesso.

I due fanno l'amore anche tre o quattro volte al giorno.

E senza stancarsi mai.

Monika ha sposato appieno la filosofia di vita della natura selvaggia: si è denudata; si è legata i capelli e ha buttato via le scarpe. Sovente, a piedi nudi, saltella sugli scogli, passeggia sulla sabbia, cammina nell'acqua, scalciando con disinvoltura la superficie increspata dal mare, perlustra la scogliera alla ricerca di saporiti frutti di mare. Pare che siano afrodisiaci.

Li cerca, anche se loro due, per il momento, non ne hanno alcun effettivo bisogno.

A volte Monika indossa una striminzita culotte, corta e stretta, che a stento le copre le natiche; non riesce certamente a contenere le sue forme floride e tonde, anzi le esalta.

E ha preso pure a indossare un maglioncino aderente abbottonato davanti. Per un tocco di civetteria che, anche nella sciatteria forzosa imposta dall'isola deserta, non guasta, spesso lo sbottona e ne abbassa le maniche; lascia nude le spalle e parte del petto, mettendo ancora di più in mostra il suo giovane seno duro e appuntito.[84]

E mentre in piedi sugli scogli si protende, fissando un punto lontano sulla linea dell'orizzonte, chiama a gran voce Harry, ne attira l'attenzione, come per farsi ammirare e raggiungere.

---

[84] Chi conosce il film citato e la sua iconografia capirà certamente che l'autore sta descrivendo Monica (Harriet Andersson) proprio come la protagonista appare ritratta nella locandina originale del film.

Ma Harry, che pure è, indubbiamente, attratto da quella donna, giovane e bella, spregiudicata e desiderabile, sembra vivere la fuga d'amore quasi frenando i suoi sentimenti e i suoi istinti; come volesse controllare i sui sensi; con una felicità più contenuta e misurata, meno appariscente e spensierata di quanto non induca a fare e a pensare l'atteggiamento di Monica.

Lui indossa ancora gli abiti che aveva quando è partito.

In verità essi appaiono incongrui, inadatti alla vita selvaggia che i due conducono sull'isola.

Ma Harry non ha mai cambiato abitudini.

Si rade la barba ogni giorno, come se fosse ancora nella civile routine cittadina e non, invece, immerso nella natura selvaggia.

L'unica concessione alla sua nuova vita e alle esigenze di praticità imposte dalla condizione all'aria aperta sembra limitarsi alle maniche della camicia che si rimbocca fino al gomito, per lasciare scoperti i suoi avambracci nervosi.

E il fondo dei pantaloni accorciato, rivoltato più volte fin sotto al ginocchio.

Un paio di scarpe stringate da tennis, di tela leggera, che calza, rinunciando solo per una volta agli immancabili calzini.

Solo quando ha programmato di andare in acqua, si spoglia e si scalza; indossa il costume, non fa mai il bagno nudo.

Insomma, Harry non ha mai definitivamente sbrigliato la sua voglia di libertà.

E, infatti, quando l'indomani Monika gli confessa di essere incinta, lui non trova altro di meglio che proporle di tornare insieme in città.

Ha, ben definita nella mente, la sensazione che la loro vacanza estiva non solo non possa durare in eterno, ma debba addirittura cessare prima del previsto.

Che si debba necessariamente e velocemente tornare alla normalità.

Lui, del resto, è più lucido ed è già pronto a disciplinare la loro vita, assumendosi le sue responsabilità.

Il suo progetto di vita futura è molto semplice e, soprattutto, più facilmente realizzabile, se si tornasse casa.
Nessun sogno o, meglio, solo un sogno di normalità.
Vuole cercare e trovare un lavoro dignitoso e abbastanza redditizio per dividere il resto della sua vita con Monica e per assicurare un futuro decoroso alla sua famiglia e al nascituro.
Ma la ribelle e ostinata Monika non è d'accordo con lui e non lo nasconde.
E' quasi indispettita quando risponde ad Harry.

No!

Ma subito dopo riacquista la dolcezza che le è consueta.
E, quasi, sospirando, a occhi chiusi, soffia il suo desiderio più grande nella direzione di Harry:

Voglio godermi l'estate fino all'ultimo.

Ed è ancora una volta Harry a cedere.
Harry è serio e giudizioso.
Pare quasi riuscire a leggere nel loro incerto futuro di coppia un'amara riflessione su quanto potrà accadere dopo il caldo, gradevole entusiasmo di quell'estate.
Harry sembra convinto che prima o poi sarà chiamato a pagare i momenti di spensieratezza, piacere e felicità vissuti con Monika.
Pare convinto che, come le stagioni più calde e piene di luce prima o poi lascino il posto a quelle più fredde e buie, così le situazioni piacevoli lascino il posto a quelle incresciose.
Che, insomma, non possa esserci piacere senza pagarne il prezzo.
Che ogni felicità e spensieratezza alla fine si paghino.
Eppure, in fondo in fondo, non è solo Monika a desiderare di restare ancora nella natura.
Anche lui desidera ancora che la loro libertà, la loro ribellione alla società e alla routine quotidiana della città non cessino subito.

Anche lui, alla fine, concorda che vadano prolungate, se non per il resto della vita, almeno per tutta l'estate.

Entrambi i giovani sono perfettamente d'accordo nell'affermare che il conflitto intrapreso contro una società che considerano ostile debba protrarsi, ancora per un po'.

Entrambi decidono assieme che il loro sogno di libertà potrà continuare.

Entrambi desiderano ardentemente continuare ad amarsi nella natura.

E' quasi sera.

Una di quelle lunghe serate estive svedesi ancora chiare e piene di luce e di sole

I due giovani innamorati ballano sulla riva di un piccolo stagno al suono di un walzer di Strauss diffuso da un grammofono a tromba poggiato per terra, nell'erba alta.

Ma Lelle, una vecchia fiamma di Monika, con cui Harry ha già fatto conoscenza, da giorni è sulle tracce dei due fuggiaschi.

Non potendo darsi pace, tanto facilmente, della scomparsa improvvisa di Monika, ha intuito quale potesse essere la meta dei due giovani in fuga col motoscafo ed ha raggiunto anche lui l'isola, a bordo di una piccola barca a remi.

Dopo aver remato per ore è approdato dalla parte opposta all'accampamento dei due.

Nella luce del crepuscolo che colpisce in tralice la collina, scende furtivo a passi veloci dalla piccola altura verso la barca dei giovani amanti lontani.

Con un agile balzo sale a bordo dell'imbarcazione, si orienta, prende confidenza con lo scafo in un attimo, subito inizia a rovistare, scende in cabina, prende dalla cuccetta la grossa valigia e ne rovescia velocemente il contenuto.

Poi la svuota completamente sul portello della stiva.

Vuota anche il contenuto di una piccola borsa di Monika, per metà sulla barca, per metà nell'acqua. Non ha trovato soldi e nient'altro d'interessante, o di prezioso. Allora afferra rabbioso una bottiglia di benzina dal ripostiglio degli attrezzi, la vuota sul portello e sulla biancheria, e dà fuoco.

Proprio mentre Monika e Harry spensierati giocano e amoreggiano stesi per terra sulla riva del piccolo stagno, dei rumori improvvisi li avvertono che un incendio si è sviluppato sulla loro barca.

Appiccare il fuoco all'imbarcazione è per Lelle come il tentativo di distruggere l'alcova d'amore, l'unico ricovero disponibile, ma, soprattutto, il luogo simbolo di felicità e di libertà del suo rivale Harry e della sua vecchia fiamma Monika.

Ma Harry è deciso a difendere strenuamente il suo regno e il suo talamo.

A grandi passi ha raggiunto velocemente la barca e il rivale.

Si tuffa in una violenta colluttazione con lui, vuole almeno costringerlo alla fuga.

Monika - intanto è arrivata anche lei - tenta di spegnere le fiamme.

Attinge dell'acqua con un secchio e la butta sulle fiamme già alte.

Il suo strenuo tentativo ha successo.

Riesce a spegnere l'incendio e a ridurre i danni al fasciame dello scafo.

Ma riesce a salvare pochi stracci dal suo guardaroba.

Quasi tutti i suoi vestiti sono andati distrutti dal fuoco.

Anche Harry, alla fine, ha il sopravvento sul rivale.

Lo rincorre, lo raggiunge, lo butta nell'acqua, tenta di affogarlo.

Desiste quasi subito e comunque prima che qualcosa d'inevitabile succeda.

Lo sconosciuto perde i sensi, sembra morto.

Dopo qualche lungo minuto si riprende, si solleva dall'acqua e sempre con lo sguardo puntato verso terra, si allontana dai due, pieno di vergogna e livore.

I due giovani amanti si abbracciano e brindano, finendo per ubriacarsi, convinti di avere definitivamente sconfitto il pericolo.

Dopo questa fortunata circostanza, sembrano aver acquisito la consapevolezza di poter sconfiggere tutti i pericoli e di riuscire a demolire con la loro solidarietà e col sostegno reciproco, tutte le ostilità che la vita non mancherà di presentargli davanti anche in futuro.

Harry esaltato dall'adrenalina e dall'alcool, eccitato dall'atteggiamento lascivo e sfacciatamente erotico di una Monika divertita e sorridente, la prende quasi di forza, strappandole i vestiti di dosso.

Ma lo scontro con una realtà ancora più dura è solo rimandato di qualche ora.

I pochi soldi messi da parte per intraprendere il viaggio stanno finendo.

E, con essi, anche la benzina nel serbatoio della barca.

Le taniche che avevano di riserva sono tutte vuote.

Monica è stanca degli stenti e dei sacrifici che sono tornati a farle compagnia.

Non sopporta la mancanza di soldi, la povertà, le ristrettezze.

E dopo aver litigato ancora una volta con Harry, fugge da lui.

E' determinata ad attuare un piano che aveva in mente da tempo.

Stanca di mangiare frutti selvatici e funghi, cucinati alla meglio tra l'erba.

Funghi! Ancora funghi! Sempre funghi! Funghi fritti, funghi bolliti, zuppa di funghi. Non ne posso più di mangiare funghi!

Così confessa ad Harry di voler raggiungere il frutteto che da lontano vede ogni giorno sull'isola di fronte alla loro, per razziare almeno un po' di frutta fresca.

Per farlo le basta solo attraversare a nuoto il braccio di mare che divide le due isole.

Oppure può scegliere di usare la piccola barca ancorata nella baia poco lontano dal loro accampamento.

L'imbarcazione pare galleggiare nell'aria, invece è alla fonda sull'acqua trasparente di un mare incredibilmente calmo.

A fare da spettatore muto alla scena di Monika che scappa, sullo scoglio spoglio spaccato dall'erosione e dalle intemperie, solo un piccolo albero secco, senza foglie, che sembra solo aspettare di cadere, abbattuto da una folata di vento più forte o da una mareggiata.

Monika, che ha indosso, per l'occasione, il suo costume intero, quello nero, con le spalline annodate dietro al collo, è un'ottima nuotatrice. Anzi è molto meglio come nuotatrice che come marinaio. E, infatti, sceglie di andare a nuoto. Si tuffa determinata e inizia a nuotare a possenti bracciate, regolari e armoniose. In alcuni minuti raggiunge la riva opposta. Ora è affamata Monika, affamata davvero. Affamata ancora di più. E questo motivo, le dà il coraggio per spingersi furtiva nella villa del proprietario del frutteto. E lì, sottrae ardita un trancio d'arrosto dal buffet che trova imbandito nel salone. Ma, subito dopo il furto, è sorpresa, quasi in flagrante, dal capofamiglia che al telefono chiama la polizia.

Ma Monika è sveglia. Approfitta, felina, di un attimo di disattenzione. Afferra ancora l'arrosto che qualcuno le aveva sottratto e rimesso al suo posto, sul grande piatto da portata sistemato sul tavolo, e fugge. Trafelata e stanca trova ricovero in un canneto. Lì, finalmente si tranquillizza, tira il fiato e, resa ancora più affamata dalla fuga precipitosa, addenta voracemente la carne.

E' notte! Un gufo vigila, roteando gli occhi, sul ramo di un albero. La luna fa capolino tra le nubi in movimento e si riflette nell'acqua scura della laguna.

Un ragno tesse con pazienza la sua ragnatela lucente.

Il silenzio assordante è interrotto solo dal vento, dal fruscio delle fronde, da un rapace notturno che si leva in volo e dal respiro affannoso di Monika.

Harry, rimasto da solo sull'isola a meditare sul gesto inconsulto di Monika e sul loro futuro insieme, solo dopo un bel po' di tempo, decide di andarle in soccorso, per recuperarla e riportarla a casa. Parte col motoscafo. Attraversa il braccio di mare che li separa e la raggiunge per metterla in salvo dal proprietario e dalla polizia. Appena si è ricongiunta con Harry, Monika rivela la sua indole fatua e superficiale e si lascia andare a una sconsolata confessione.

Sono così stufa di tutto. Avrò anche un figlio. Tante complicazioni e neanche un vestito da mettermi. Perché tanti se la spassano allegramente, mentre altri vanno in malora?

Ma, nonostante tutto, non vuole ancora tornare in città. Intanto, però, i due giovani devono fare i conti anche con le ristrettezze alimentari. E' finito tutto, anche il tè e le altre scarse provviste di cibo. Ed è quasi finita anche la benzina da versare nel serbatoio del motoscafo. E, senza carburante, è rimessa in discussione la loro mobilità e il loro ritorno a casa.
La sensazione, netta, inesorabile, dolorosa è che il sogno dei due giovani ribelli stia mestamente chiudendosi.
Forse anche per questo i giovani si abbandonano a un dialogo amaro e serrato.

Harry:

Comunque è stata un'estate stupenda. Da oggi sarà tutto diverso.

Monica:

E si ricomincia col tornare indietro. Ricordi? L'ultimo film che abbiamo visto è La donna dei sogni.

Risponde Harry :

Già! Abbiamo sognato anche noi.

A questo punto pare non esistere più alternativa.
I due giovani amanti non hanno scelta: dovranno tornare in città.
E assai velocemente.

5

IL RITORNO A STOCCOLMA

... Harriet era molto bella. Aveva diciannove anni.
Abbiamo fatto il film.
Quello è stato un periodo bellissimo.

(Ingmar Bergman dal libro-diario *Immagini*)

Nell'arcipelago sta finendo l'estate.
L'aria si va, rapidamente, raffreddando.
Il mare inizia a muoversi nervoso.
La superficie s'increspa di onde che, con sempre maggiore vigore, hanno ripreso a schiaffeggiare le rocce nude.
Il vento ha ricominciato a scompigliare le chiome ingiallite delle gracili betulle e a piegare quasi verso terra le alte punte delle conifere.
Il sole non scalda più, come prima, i corpi nudi dei due giovani amanti.
L'acqua non trasmette più quella tiepida, gradevole, sensuale sensazione quando bacia la loro pelle nuda.
Non è più piacevole bagnarsi nell'acqua di mare.
E nemmeno si può continuare a cibarsi di funghi, verdura e frutti selvatici.
I due giovani saranno costretti a tornare in città.
Lì dovranno anche regolare il loro rapporto.
Ora saranno costretti ad abbandonare precipitosamente il loro personale paradiso terrestre.
Entrambi saranno chiamati a pagare il fio del loro peccato e della loro dissolutezza.
Pare di essere nella favola biblica.
Harry, come un novello Adamo, sarà condannato a guadagnarsi il pane col sudore della sua fronte.

Monica, come una nuova Eva, partorirà la sua prole con dolore.

Una volta arrivati, Agda, la vecchia e amorevole zia di Harry, si preoccupa di convincere un pastore a sposare i due ragazzi, nonostante la loro giovane età.

Ma i due fidanzati hanno dovuto prima attendere a tutte le pratiche burocratiche di rito.

Com'era scritto, ad appena qualche mese dal loro ritorno in città e dal matrimonio nasce una bella bambina sana di quattro chili di peso.

La piccola era stata concepita durante l'estate della loro fuga d'amore.

Harry si reca alla nursery per visitare sua moglie e per vedere la sua bambina attraverso il vetro.

La osserva rapito, estasiato.

Ma sembra anche turbato, stordito, spaesato.

E' nello stesso esatto stato d'animo nel quale si trovano, quasi, tutti i neo-padri.

Stentano a credere che quello che vedono possa essere il frutto del loro amore.

Stentano a farsi una ragione di essere stati coartefici di quel miracolo.

Il miracolo della vita.

La bambina una volta tornata a casa fa i capricci.

Stenta ad ambientarsi.

Harry è preoccupato da Monika: che non pare molto presa dalla sua nuova responsabilità di madre, non si occupa granché della sua Alma.[85]

E non appare nemmeno eccessivamente preoccupata.

La vita che Monika vuole costruirsi, una volta rimesso piede in città, è certamente più libera ma anche più dissoluta.

Più elegante ma anche più frivola.

Più leggera ma anche più immorale.

---

[85] Il nome della bambina è, anch'esso, un omaggio che l'autore tributa al nome di due noti personaggi femminili di altrettanto noti film bergmaniani: *Persona* e *L'ora del lupo*.

Tra lavorare duro e scegliere la via dell'illegalità, Monika sceglie la seconda via.
Sceglie di fare la vita.
E a proposito delle sue nuove esigenze pare pensarla semplicemente così.

Non esiste il bene e il male, ma solo la necessità.
E si vive secondo le proprie esigenze.[86]

Monika detesta il pianto della bambina.
Detesta il marito chino sui libri di matematica.
Detesta il suono della sveglia di mattino.
Detesta l'idea di dover necessariamente lavorare.
Gli orari delle poppate, dei cambi e dei bagnetti di Alma; dei pranzi e delle cene da preparare al marito, sono anche la causa della sua perduta indipendenza.
E non pensa nemmeno di dover tornare al lavoro, Monika.
E non pensa nemmeno di dover tenere in ordine la casa.
Infatti Monika non lava, non stira, non cucina, non spazza.
Passa il suo tempo oziando, mentre aspetta di uscire a divertirsi, in vestaglia o ancora in pigiama, appollaiata sul letto di ferro battuto.
Spesso è silenziosa; pare intenta a meditare sul da farsi.
Muta a pensare a cosa sarà della sua vita quando avrà deciso di abbandonare Alma e Harry.   Oppure si lamenta, in continuazione, di non avere vestiti nuovi da indossare. E si lamenta continuamente col marito. Di tutto. Lo accusa di trascurarla, occupato com'è, col suo lavoro e con i suoi studi.
Ma Harry, che non dorme abbastanza e non riesce a concentrarsi per leggere e per studiare come vorrebbe, dopo aver deciso di riprendere e terminare i suoi studi interrotti mesi fa, si giustifica lapidario, con poche parole, rassegnato e impotente.

---

[86] La frase, tratta dal film di Ingmar Bergman: *Smulltronstallet* (*Il posto delle fragole*, 1957) è anche riportata dall'autore nel suo libro *Parla con Bergman* (Aforisma: *Esigenze*, n.78, pag. 77).

Faccio quello che posso.[87]

Harry ha raggiunto da qualche tempo la sua piena maturità di uomo, di marito e di padre.

Ha compreso da qualche tempo che tutte le pesanti responsabilità della nuova piccola famiglia ricadono sulle sue spalle.

E lui fa tutto quanto è in suo potere.

Ha ripreso gli studi interrotti; lavora; va in trasferta con i colleghi.

In assenza della madre accudisce anche la piccola Alma.

E ne sembra contento.

L'amore che Harry nutriva per Monika si è riversato in gran parte sulla piccola figlia Alma.

---

[87] *Conta ciò che ci sforziamo di ottenere, non quello che otteniamo.* Frase tratta dalla sceneggiatura del film di Ingmar Bergman: *Il posto delle fragole* e riportata dall'autore anche nell'altro suo libro *Parla con Bergman* (Aforisma *Risultati*, n.4 pag. 9*).*

6

LA FINE DELL'AMORE.

... Non parla, non ascolta, non può capire.
Quali mezzi bisogna usare per indurla ad ascoltare?

(Dalla sceneggiatura del film
di Ingmar Bergman *Persona*[88] – *Persona*, 1966)

All'interno del piccolo appartamento, proprio dietro la Piazza del Vecchio Mercato, Monika aspetta impaziente che Harry esca.
E intanto si prepara a uscire subito dopo di lui.
Si predispone all'incontro con l'altro.
Si veste e si trucca, prefigurando il momento, pregustandolo.
L'attesa del piacere non è forse anch'essa piacere?
Si accende una sigaretta e inizia a muoversi svogliatamente per tutte le stanze.
Ogni tanto mentre cammina si dà qualche colpo di spazzola, canticchia una canzone, accenna sensuale un passo di danza.
Aspetta impaziente d'uscire anche lei. Sa già che andrà a tradire il marito con uno sconosciuto, un uomo incontrato casualmente. Forse il primo che si offrirà di accenderle la sigaretta stretta tra le dita o fra le labbra.
Proprio come avvenne quando incontrò per la prima volta Harry Lund al caffè. Oppure il primo che si farà avanti per offrirle qualcosa da bere.
Monika si è già truccata.

---

[88] *Uno dei punti più alti della introspezione dell'animo femminile. Narra del rapporto crudele e violento tra un'attrice malata e la sua infermiera.* (a proposito del film *Persona*, da: *Idee e schermi bianchi. Filosofia e cinema tra il mito e il falso*, di G. Invitto, Mimesis – I Cabiri, Milano, 2007).

Ha già pettinato i capelli, più di una volta: ma continua a spazzolarli nervosamente, mentre passeggia per la casa, entrando e uscendo distrattamente da tutte le stanze.

Stavolta li ha ravviati ancora con la spazzola fitta, non li ha legati, lasciandoli sciolti sulle spalle.

E' più affascinante.

Ha già indossato la gonna; quella nera, lunga fin sotto il ginocchio.

Sembrerebbe molto castigata, ma ha un profondo spacco laterale che le arriva fino a metà coscia.

Ha già addosso anche una camicetta bianca elegante.

Al momento la tiene completamente sbottonata, copre e scopre a ogni piccolo movimento le coppe piene di un reggiseno di pizzo bianco.

Calza un paio di scarpe nere con i tacchi alti sulle calze trasparenti, anch'esse nere, che le affinano le gambe, slanciandole anche.

Ma, a dispetto dell'immagine di mangiatrice di uomini, di gran dama, che vuole cucirsi addosso e della maschera di signora che vuole sistemarsi sul volto di ragazza, Monika reca dentro di se un lato ancora assai *naif*, quasi infantile.

Proprio non riesce ad accettare i suoi ruoli di donna, di madre e di moglie.

E, con essi, tutte le grandi responsabilità che quei ruoli imporrebbero.

Pare proprio che il suo amore sia finito.

Pare che Monika abbia velocemente incenerito, prima ancora che la ardesse completamente, il suo grande amore estivo per Harry.

Quando Harry non c'è, come fosse una donna libera e indipendente, si prepara di tutto punto e riprende a frequentare locali equivoci e malfamati, dove beve e fuma; balla e ascolta musica americana.

Dove non disdegna di accompagnarsi a uomini sconosciuti incontrati per caso.

Dove va perché le piace farsi cullare dagli *swing*[89], quella nuova, originale musica, che vengono da oltreoceano, moderna, carezzevole, erotica, diffusa dai primi *juke-box* a gettone.

Quella musica sembra fatta apposta per abbracciarsi, toccarsi, strusciarsi.

Monika sembra aver dimenticato molto presto l'estate d'amore e di passione per Harry.

Quando le piaceva ballare avvinghiata solo al suo uomo; solo al suo Harry.

E, comunque, adesso trova piacevole solo ballare con altri maschi, ascoltando quelle note carezzevoli, languide, ammalianti.

In questi locali non le è difficile incontrare anche qualche sua vecchia fiamma che, evidentemente, nel frattempo non ha dimenticato.

Si rinfocolano presto ricordi a mala pena sopiti, solo a vedere ancora i volti dei tanti uomini che ha amato prima di Harry.

E' proprio con uno di questi, Lelle, il vagabondo che aveva appiccato il fuoco alla loro barca - sì, proprio lui - che rispolvera la relazione interrotta alla fine dell'inverno dell'anno prima, e riprende a vedersi.

Anche in questo caso ha dimenticato molto presto e troppo facilmente quello che Lelle ha combinato sull'isola.

E' evidente che lei gli ha perdonato velocemente il suo terribile oltraggio.

Ed è proprio con lui, che un giorno, Harry la trova in casa ad amoreggiare, tornando in anticipo da un viaggio di lavoro.

Il destino è crudele: ti offre una gioia, ti fa sperare, e poi di colpo ti abbandona. E allora tutto crolla intorno a te nel fango e nella polvere.[90]

---

[89] Di uno *swing* parla lo stesso Bergman a pagina 257 del suo libro-diario *Immagini*, descrivendo la scena decisiva dello sguardo in macchina di Monika, celebrata anche da Jean-Luc Godard.

[90] Frase tratta dalla sceneggiatura del film di Ingmar Bergman: *Sommarlek* (*Un'estate d'amore* - 1950).

Il giovane è deluso e arrabbiato ma non ha il coraggio di affrontare la moglie, almeno non immediatamente, non subito.

La delusione è troppo cocente, la sorpresa di vederla in casa, a letto con un uomo che non è lui, gli infligge un colpo quasi mortale.

Anche amareggiato, decide di attendere paziente.

Fuma nervosamente per strada, mentre aspetta che l'amante di sua moglie abbandoni la loro casa.

Quando, quello se ne va, sale velocemente le scale, quando entra è inevitabile che si accenda una lite furiosa.

Dopo il violento litigio, l'ennesimo, nel quale Harry accusa Monika di adulterio - che lei peraltro non nega, confessando di amare ancora Lelle, la sua vecchia fiamma - si lasciano definitivamente.

Monika, picchiata e insultata da un Harry furibondo e deluso, ma anche offesa profondamente, abbandona, senza alcuno scrupolo, la figlia, la casa, il marito. La sua vita.

Le donne, a volte, possono essere più determinate e sfuggenti degli uomini.

Quando cercano la libertà, sanno che essa può passare anche attraverso il rifiuto del loro legittimo ruolo di moglie e di madre.

Contrariamente a quanto imporrebbe la morale comune non continuano, anche nelle difficoltà, a prendersi cura del legittimo marito e della figlia piccola e bisognosa di cure e d'amore.

Monika, con un colpo di testa, ha deciso di abbandonare entrambi, assumendo l'atteggiamento indegno e biasimevole di una donna senza scrupoli, di una moglie crudele e di una madre scellerata.

La ragazza immorale che si nascondeva dietro quella che pareva la dignitosa e devota Monika sceglie finalmente di assecondare i suoi bisogni, seguendo la libertà; inseguendo l'indipendenza dalle regole e dalle convenzioni sociali; perseguendo e anteponendo il piacere personale al responsabile dovere famigliare.

Harry, ancora attonito e sconsolato, decide di lasciare la casa comune e di tornare a vivere dal padre, con la sua amata bambina.

L'appartamento che avevano condiviso è svuotato rapidamente e, altrettanto rapidamente, abbandonato.

Resta un guscio vuoto.

I mobili sono venduti per strada dalla vecchia Zia Agda.

La calda estate della giovinezza, della ribellione e della fuga dalla società che hanno giudicata ingiusta è irrimediabilmente finita.

Per ironia della sorte, erano scappati insieme dalla *routine*, dalla quotidianità opprimente, e ora, alla fine dell'estate, fanno mestamente ritorno dalla fuga e della vita selvatica, che sono diventate anch'esse *routine*.

Harry, considera l'atteggiamento determinato ma cervellotico di Monika un vero mistero.

Non sa darsi pace.

Si erano tanto amati!

Solo qualche mese fa, lei pareva ancora tanto innamorata e devota; così attaccata a lui.

Pareva non poter rinunciare al suo amore per tutta la vita.

Nella stanza da letto, sul maestoso comò in stile direttorio di seconda mano che la Zia Agda ha regalato agli sposi, troneggia un grosso specchio rettangolare, bordato di legno, più largo che lungo; in verità un po' ammaccato e sbucciato dall'uso e dai frequenti traslochi, ma che, tutto sommato, restituisce un'immagine pulita, più che fedele.

Harry Lund vi si specchiava ogni mattina, prima di uscire da casa; prima di andare al lavoro o all'università.

Davanti allo specchio si dava gli ultimi ritocchi: scrutava la lunghezza della barba; appiattiva col polpastrello umido la curva delle sopracciglia; controllava il colore della lingua e lo stato delle gengive e dei denti; si ravvivava i capelli, passandosi le dita ossute e sottili tra le lunghe docili ciocche.

Per l'ultima volta si aggiustava il nodo della cravatta, altrimenti sempre sbilenco.

Solo alla fine, gettava, per l'ultima volta, prima d'uscire, l'occhio malizioso in direzione del letto.

Lì lo attendeva, distesa e provocante, spesso discinta, la sua bella Monika, ancora mezza addormentata o appena sveglia, ma non del tutto vigile.

Se il suo sguardo non avesse ricevuto come risposta da lei alcun ammiccante richiamo, avrebbe capito che poteva uscire dalla stanza e dalla casa tranquillamente.

Se, invece, dagli occhi e dal corpo di quella femmina le fosse giunto un qualsiasi segnale; un richiamo sessuale, anche velato, anche appena accennato, allora era sicuro che sarebbe arrivato in ritardo al lavoro, magari un po' stanco, ma assai più soddisfatto.

La qual cosa non avveniva raramente.

Davanti a quello stesso specchio Monika passava la maggior parte del tempo quando stava in casa; si preparava prima di uscire; si ravvivava i lunghi capelli castani; si truccava gli occhi e le labbra.

Controllava la propria immagine; aggiustava il suo aspetto fino al parossismo: doveva essere sempre impeccabile, non abbastanza, ma assai affascinante; e sempre pronta a sedurre.

Oggi, in quello che pare lo schermo del cinema dove era andato in compagnia di Monika, Harry sembra scavare; cerca disperatamente quelle immagini; vuole trovare, vedere e rivedere quelle stesse scene.

Come volesse leggere nello specchio il suo futuro, proprio come farebbe un antico divinatore dalla superficie piatta della sua bacinella.

Harry Lund si china nella culla.

Alza fino a se, e l'avvicina al suo petto, delicatamente, la figlioletta Alma, le sorride ricambiato amabilmente; stringe amorevolmente fra le braccia il frutto del suo grande amore interrotto.

Come farebbe una madre premurosa; come una Madonna nel dipinto di un maestro del rinascimento.

La piccola Alma ricambia con un gran sorriso il largo sorriso del padre, e promette di restare il suo unico, solo grande amore.

E Harry vuole condividere con lei il film che spera di vedere proiettato nel grande specchio.

L'uomo e il padre si guardano malinconicamente riflessi.

Ma lo specchio - ahimè! - rimanda solo immagini del passato: la fuga d'amore estiva, il mare, un'isola e una spiaggia, riflessi di luce sul mare; Monika che saltella nuda sugli scogli e s'immerge in una pozza d'acqua di mare; Monika a seno scoperto sdraiata sulla prua del motoscafo che solca le onde e si allontana da Orno.

Nel vetro, Harry non scorge niente che riguardi il suo futuro o il futuro di Alma.

Pare riuscire a vedere solo il passato.

Rifrazioni, come in un sogno, bello ma ormai sbiadito; solo il riflesso dei felici momenti passati sull'isola in compagnia di Monika.

Capisce, finalmente, che la sensualità e la carnalità di Monica hanno sconvolto la sua vita.

Ma capisce anche che Monika adesso non c'è più.

Harry non sa nemmeno dove sia andata dopo la lite.

Né che fine abbia fatto.

Si disinteresserà del tutto al suo destino.

Capisce, che quei momenti sono cessati definitivamente; non si ripresenteranno; che deve iniziare a rassegnarsi.

Dopo il dolce calore dell'estate è arrivato il gelido inverno.

Così come dopo una piacevole e spensierata giovinezza arriva sempre la dura vecchiaia.

Con la fine dell'estate è finito anche l'amore di Monika.

Con l'arrivo del rigido inverno è tornato anche il ghiaccio nel cuore di Monika.

Ma lui lo ripeteva a Monika, nel corso delle loro lunghe, stancanti discussioni sull'isola: evadere dal contesto sociale di provenienza e dalle convenzioni non porta mai troppo lontani.

Fuga e ribellione, fini a se stessi, non hanno alcun futuro.

La vita quotidiana alla quale siamo votati, o condannati, finisce per afferrare e fare prigioniero anche chi, non volendo accettarla, cerca di sottrarsene.

Era Monika che non voleva capire.

Era Monika che voleva fuggire.

Era Monika quella stanca e disgustata dalla vita.

Alla fine di quella loro felice, entusiasmante parentesi, lui aveva capito che sarebbe arrivata la monotonia quotidiana fatta di gesti sempre uguali, responsabilità, studio, lavoro e famiglia.

Harry sapeva anche che senza responsabilità non c'è nessuna libertà.

Ecco siamo all'inferno! Ma assieme.[91]

Per Harry Lund è arrivato il momento di attaccare i demoni davanti al carro da combattimento.

Ed essi, finalmente, saranno costretti a rendersi utili.[92]

7

EPILOGO

---

[91] La frase tratta dal film di Ingmar Bergman *Djavulens oga* (*L'occhio del diavolo* - 1960) è citata nel libro dell'autore: *Parla con Bergman*, (Aforisma *Inferno 2*, n. 32, pag. 37).

[92] La frase, riportata parzialmente nell'altro libro dell'autore *Parla con Bergman*, (Aforisma *Demoni*, n.87, pagina 86) è di Ingmar Bergman, da *Immagini* Garzanti, 1991, pagina 41: *"Ho avuto sempre la capacità di attaccare i demoni davanti al carro da combattimento. E loro sono stati costretti a rendersi utili."*

... L'amore è la più nera delle pesti e se uno ne potesse morire
ci sarebbe almeno un po' di soddisfazione in questa disgrazia.
Ma l'amore passa, passa quasi sempre.
Soltanto pochi imbecilli qualche volta muoiono per amore.
... Se tutto è imperfetto a questo mondo, solo l'amore è
perfetto nella sua assoluta, squisita imperfezione.

(Dalla sceneggiatura del film di Ingmar Bergman:
Det sjunde inseglet[93] - *Il settimo sigillo*, 1956)

La grande storia d'amore di Monika e Harry, segnata alla sua nascita da una grande passione, ma fondata anche su un'illusione giovanile altrettanto grande, si è ormai miseramente dissolta in una disillusione anche più grande.

Il più delle volte gli amori paiono seguire il corso delle stagioni. A farci caso quasi tutti fioriscono in primavera; esplodono in tutta la loro vitalità prepotente d'estate; iniziano ad agonizzare in autunno e spirano tristemente durante l'inverno.
La personalità di Harry, malgrado sembrasse quella più debole e fragile, si è dimostrata, alla fine, la più salda; quella che riesce a evolversi più positivamente nei riguardi della realtà, anche la più dura e drammatica.
A differenza di Monika, che voleva tutto e subito, Harry pare aver capito che i sogni si costruiscono piano piano, con tanti sacrifici e partendo sempre dal basso.

Un'altra breve ma intensa giornata è terminata.

---

[93] Si tratta di un brano estratto, come specificato dall'autore, dal film *Det sjunde inseglet (Il settimo sigillo*, 1956), e più esattamente dalla scena, ambientata nella taverna, in cui Jons, lo scudiero-filosofo del cavaliere Antonius Block, cerca di consolare con la sua lezione di vita vissuta il fabbro Plog tradito dalla moglie Lisa con l'attore anziano.

E con essa si è terminata pure un'altra breve, ma intensa stagione di sogni e disillusioni; d'amore e disprezzo, di desiderio e repulsione; di storie nate speranzose e mestamente naufragate nella sfiducia e nello scoramento.

Un motoscafo si allontana sull'acqua.[94]
Lentamente.
Forse è lo stesso che, nell'estate appena trascorsa, ha portato i due giovani amanti in fuga dal mondo; lo stesso della loro rabbiosa ribellione, ma anche della loro effimera libertà.

La Stoccolma degli anni cinquanta, la città più grande ed elegante; la più antica e popolosa della Scandinavia, è una città indolente, sontuosa, affascinante e magica.
Stoccolma, la città regale che si specchia nell'acqua - vezzosa come una signora ancora piacente - ora si va addormentando.
E, come appare evidente, non sembra minimamente interessata ai drammi che si consumano per le sue strade, nelle sue case, tra le esistenze e nell'animo dei suoi numerosi abitanti.
E' equidistante e neutrale.
Ugualmente indifferente: agli sviluppi della grande storia del mondo; come al mediocre dipanarsi delle piccole, trascurabili storie degli uomini.
Si rifiuta di frugare nella testa dei singoli individui; di penetrare nelle loro menti per indagare nei loro cervelli.
Apertamente è disinteressata a conoscere il momento esatto in cui la speranza si trasforma in utopia e i sogni smettono, definitivamente, di essere sogni, per diventare, inesorabili e spietati, dura realtà.
Ritiene che sia inutile.
Questi fatti accadono, semplicemente.
Quotidianamente.
E continueranno ad accadere …sempre.

---

[94] Nella scena finale del film Harry Lund rivede nello specchio le immagini dell'estate con Monika e un motoscafo che si allontana lentamente dal centro della città.

AVVERTENZA

L'autore raccomanda ai suoi lettori di leggere con molta attenzione, oltre che il testo - naturalmente - anche tutte le note a piè di pagina. Esse sono state abbondantemente disseminate nel testo, perché concepite, non solo come doverosa spiegazione dello stesso, ma avendo la precipua funzione di arricchire, con aneddoti, citazioni e riferimenti la migliore, più esatta e profonda conoscenza possibile della cinematografia, della filmografia e della biografia privata di Ingmar Ernst Bergman.

BIBLIOGRAFIA ESSENZIALE

Bergman, The Genius, Aldo Garzia, Editori Riuniti, 2010.

Immagini, Ingmar Bergman, Garzanti, Milano, 1991.

Lanterna magica, Ingmar Bergman, Garzanti, Milano, 1987.

Ben ritrovato Ernst Ingmar! Claudio Papini, De Ferrari Editore, Genova, 2010.

Ingmar Bergman, a cura di Antonio Costa, Marsilio Editori, Venezia, 2009.

Conversazione con Ingmar Bergman, Olivier Assayas e Stig Bjorkman, Lindau, Torino, 1994.

Ingmar Bergman, Sergio Trassatti, Editrice Il Castoro, Milano, 1995.

Parla con Bergman, Salvatore M.Ruggiero, Lulu.com, 2011.

Il genio di Uppsala. Il grande cinema di Ingmar Ernst Bergman spiegato a chi lo ignora, Salvatore M.Ruggiero, Lulu.com, 2011.

Scene di vita coniugale, l'immagine allo specchio, il posto delle fragole, Ingmar Bergman, P.A., Stoccolma, 1974.

Ingmar Bergman, Segreti e magie, di S.Arecco.

Idee e schermi bianchi. Filosofia e cinema tra il mito e il falso. Di G.Invitto, Mimesis - I Cabiri, Milano 2007.

RINGRAZIAMENTI

Ringrazio, innanzitutto, Ingmar Ernst Bergman, *The Genius of Uppsala*, al quale questo libro è anche dedicato: la sua arte sublime e inarrivabile, ovviamente, costituisce l'unica scaturigine della mia passione per il (suo) cinema.

Quindi ringrazio Harriet Andersson, meravigliosa creatura: la visione della sua prepotente, fisica e sfrontata bellezza giovanile riconcilia con la vita e con le brutture del mondo.

Poi ringrazio Per Anders Fogelstrom, per aver ideato il soggetto - prima - e contribuito alla sceneggiatura del film - dopo.

Entrambi sono stati strumenti insostituibili perché Ingmar Bergman fosse messo nelle condizioni ideali per raccontarci questa bella, avvincente e drammatica favola per adulti.

Infine un ringraziamento è rivolto ai miei amici professori Giovanni Invitto e Claudio Papini e, con loro, a tutti gli altri critici cinematografici i cui testi ho consultato e *"saccheggiato"* per poter scrivere - ahimè! con ancora insufficiente e lacunosa cognizione di causa - del grande cinema di Ingmar Ernst Bergman.

L'autore

INDICE

Il Film: